提高心性　拓展经营

心法 之肆

稻盛和夫
Kazuo Inamori
いなもり かずお

曹岫云 译

著

人民东方出版传媒
People's Oriental Publishing & Media
东方出版社
The Oriental Press

いなもり かずお

Kazuo Inamori

稻盛先生是我一直以来十分尊敬的优秀的企业家。最近他写了一本书，总结了他的人生观和经营观，内容都是从他丰富的实践体验中提炼出来的真知灼见。这本书告诉我们，只要相信上天赋予我们的无限能力，并充分地发挥这种能力，就能品赏到美好人生的美妙。稻盛先生的热情和信念打动了我的心。我希望，特别是年轻人应该认真读一读这本书。

——松下幸之助

推荐序

企业经营的真谛

稻盛和夫（北京）管理顾问有限公司董事长
曹岫云

《心法之肆：提高心性　拓展经营》写于 1989 年，是稻盛先生的处女作。加上前言和后记，这本书共有 108 个章节。佛教讲人有 108 种烦恼，另外中国古典小说《水浒传》里有梁山好汉 108 条。"108"这个数字似乎藏有深意。

《心法之肆：提高心性　拓展经营》总结了稻盛先生从 1959 年创建京瓷后 30 年来自己基本的经营思想。这一思想自始至终贯穿在稻盛先生 57 年来的经营之中，贯穿在稻盛先生所有著作和讲演之中。"提高心性，拓展经营"也是盛和塾33年来唯一的口号，从未没有改变，因为这一思想就是企业经营的真谛。

"提高心性，拓展经营"是一个很特殊的口号。除了稻盛先生的企业和稻盛先生指导的盛和塾的企业之外，古今中外，全世界没有任何企业家提出过这样的口号。但是，在这个特殊性中，却包含着普遍性的真理。"提高心性，拓展经营"乃是稻盛经营哲学的精髓。

所谓"提高心性"，近似于我们常说的"提高觉悟"。这句话的含义是：努力抑制利己心，发扬利他心，竭力为他人、为社会做贡献。所谓"拓展经营"，就是发展企业，也就是我们常说的把企业做大做强，做好做久。或者说要让公司基业常青。"拓展经营"是所有具备志向的企业家们共同的愿望和理想。

那么拓展经营靠什么呢？拓展经营靠先进技术。这当然不错。稻盛先生就是靠发明新技术起家的，他和他的团队"创造了又一个新石器时代"，在许多领域内都拥有尖端的技术。然而，稻盛先生从来没有说过：提高技术，拓展经营。

拓展经营靠科学管理。这当然也不错。所谓科学管理，有泰勒的生产管理、戴明的质量管理、德鲁克的目标管理、丰田的精益管理等。这些当然都很重要。在这些方面京瓷做得都很出色。比如京瓷在陶瓷产品的生产上做到了不良品率为零、原材料消耗率为零。我称之为"双零管理"，可以说京瓷做到了制造业的极致。然而，稻盛先生从来没有说过：提高管理，拓展经营。

拓展经营靠战略战术。这是经营学中最为热门的说法，这当然也不错。京瓷以精密陶瓷的结晶技术为核心，开发了许多重要的新产品：电视机显像管中的绝缘零件、集成电路陶瓷封装、人工骨、再结晶宝石、太阳能发电基板……不仅产品战略，同时市场战略也卓有成效，特别是集成电路封装，从美国硅谷开始，席卷全球半导体市场。

另外，从原材料开发到零部件、整机、系统、网络的所谓"垂直整合战略"也十分奏效，为京瓷几十年持续发展做出了贡献。然而稻盛先生从来没有说过：依靠战略战术，拓展经营。

拓展经营靠模式方式。这也不错。稻盛先生独创的阿米巴经营模式，把企业划分成独立核算的小组织，发挥全体员工的积极性和创造性，精致高效，天下无双。然而，稻盛先生从来没有说过：构筑模式，拓展经营。

拓展经营靠金钱刺激，或者说靠绩效考核。这是我们许多企业的基本做法，相对于平均主义大锅饭，绩效考核当然是一种进步。靠金钱拉拢人心，一时也能奏效。但稻盛先生在企业里不推行绩效主义，而贯彻实力主义。即真正有实力的人、德才兼备的人升职很快，地位、收入自然相应提高。然而，稻盛先生一贯反对依靠名利刺激来拓展经营。

技术也好，管理也好，战略战术、模式方式也好，绩效考核也好，在企业经营中都是必不可缺的，在所有这些方面，稻盛先生都做得很好。然而，归根到底这些都是"术"层面上的东西。"术"变化无穷，"术"因时、因地、因环境不同而不同。"百术不如一诚。"这里的"诚"就是所谓"心性"，就是本书阐述的哲学，也就是我们通常讲的"道"。

道生术，道生万物。就是说，经营者用正确的思想哲学去激发全体员工的力量和智慧，大家齐心协力，钻研创新，改革改良，那么适合企业发展的战略战术、模式方式、技术技巧等都会应运而生。这就是"提高心性，拓展经营"。

具体如何"提高心性，拓展经营"？请阅读本书的108个章节。通过反复认真地学习，如果真正领会了书中的精华，那么，我相信，对诸位的工作、经营乃至人生一定会产生不可估量的影响。

前言

　　年轻的时候，父母、老师或职场上司总会告诫我们，批评教育我们，我们往往不服气，想要辩驳。我也不例外。父母说："少年苦，出钱也该买。"我随即反驳说："少年苦，你们可别卖啊！"

　　青年时代，人原本就有强烈的逆反心理，这不要紧。但是，父母以及人生前辈的教诲，应该存放在脑海的一角，这一点绝对不可忽略。

　　自己开始踏上人生道路时，犹如船舶驶向没有航标的大海。这时候，我们就要唤起记忆，把人生前辈的教诲当作指南针，做好远航的准备。

　　年轻人中，或许有人抵触我在这本书里写的东西，或者有人毫无兴趣。但是，当大家在工作中、在人生中遭遇障碍的时候，希望你们务必想起我在这里所说的话。

　　因为这些都是我在工作和人生的痛苦烦恼中，经过认真思索领悟的道理。这些道理与你们的生活息息相关。

目录

第一章　度过美好的人生

第二章　找到工作的乐趣

第四章　做出正确的判断

第五章　提升工作水准

第八章　凝聚团队的力量

第九章　成为卓越的领导人

第十章　展开真正的经营

第十三章　拓展事业

第十四章　迈向王道经营

第一章

度过美好的人生

描绘人生的剧本

所谓人生，就是一场戏剧。而扮演主角的就是自己。花费一生的时间，究竟描绘、演绎出怎样的戏剧，这是我们每个人都要面临的课题。

有人说，我们的命运在出生时已由上天注定。但是我相信，人可以通过提升自己的心性、提升自己的精神境界来改变命运。至诚通天，纯洁的心灵定能感动上天。

这并不是说，我们要与命运作无谓的抗争。而是说，通过塑造自己的心灵和精神，大家都可以写好人生剧本，演好人生主角。我希望，各位能尽早意识到这一点，珍惜自己，真挚地度过自己的每一天，每一个瞬间。

为此，人们需要改变自己、促使自己成长的契机，需要冲击自己精神的契机。在人生的各个阶段，其实都有这样的契机。但是，遇到契机、接受震撼，需要自己一方具备高昂的激情。否则，纵有动人心魄的良机，也会同你擦肩而过。

懒懒散散、缺乏目的意识的人，同认真生活、具备使命感的人之间，在人生戏剧展开的过程中，会出现巨大的差距。

追求人生的目的

迷失了人生的目的、只知追求霎时享乐的年轻人正在增加。许多人进到公司，拿工资，获取生活的食粮，然后就在兴趣和娱乐中追求人生的意义。

因为这是时代潮流，或许无可厚非。然而，一味如此，难免心生空虚。玩乐和趣味一时或许会让人觉得蛮有意思，但从结果来说，人们还会追求更高层次的人生目的。

我自己就是这样。"全力投入工作，对社会做出贡献，自己就会感到幸福。"这种人生态度，不管时代如何变迁，人们最终都会追求。这是因为，无论社会如何演变，人心求善的本质不会改变。

或许有人反对这种观点。但我依然会一如既往，不断提倡这种人生观。

35 岁以上的人，应该积累了相当多的人生经验，但他们往往丧失了自信，他们以为世道变了，过去的说法讲不通了，因而不再谈论人生，这是不对的。我相信，只要充满自信，只要真心诚意，谈论自己的人生观照样能够引起许多年轻人的共鸣。

认认真真度人生

我从不参与赛马、自行车赛等一切赌博活动。在人生这一漫长的舞台上，人生的每一天，不！每一个瞬间，都在真刀真枪中见胜负，所以，我对赌博活动中的输赢毫无兴趣。

我把赌注押在我期望的理想人生上，这里会分出大胜大负。因此，在工作中我感到快乐无穷。如果是被迫做事，每天都觉得疲惫不堪，那就需要到其他方面去寻找刺激或乐趣。

我并不主张大家去当道貌岸然的圣人君子，我的心胸也没有那么狭隘，以致把喜欢玩乐的人当作没有出息的人。

娱乐未必不好，对自己的人生有益的娱乐活动更是好事。但是，在现实中，靠娱乐获得幸福却很困难。另外，从道理上讲，娱乐和工作两者似乎可以兼顾。但是，脚踏两只船，一边醉心于娱乐，一边又能把工作做得有声有色，这是不现实的。人生也好，工作也好，没有想象的那么简单，那么轻松惬意。

如果自己找不出工作的乐趣，就会沉迷于娱乐，迷失人生本来的目标。这一点值得警惕，不容忽视。

给自己一个思考人生的机会

在我的印象中，美国的孩子在进高中以前自由豁达，接受人格培养方面的教育。在这期间，他们会酝酿自己这辈子"想干什么"的意向，就是说，这个时期是他们酝酿和形成自己人生目标的阶段。

然后，一进大学，他们就会拼命学习为实现目标所需要的基础知识。实际上，美国的学生抱有明确的目的意识，学习与目标密切相关的知识学问。

在这一点上，日本的学校却不然，老师不对孩子讲解如何设定自己的人生目标。因为，在老师中间，有些人也是在应付考试这种虚拟目标中一路过来的，稀里糊涂地当上了老师。所以，这种现象不足为怪。

"自己是一个什么样的人？""自己的人生该如何度过才好？"在人生的入口处，给予学生们思考这类问题的机会，是非常必要的。学生们有了这种经验，就自然会去确立自己的人生目标。

具备人生目标的人和缺乏这种目标的人之间，在他们人生的后半段，会产生明显的差距。

人生·工作的结果 = 思维方式 × 热情 × 能力

这个公式用来解答如下的问题：有没有一种方法，能够使只具备中等能力的人，也可以取得伟大的成就？通过切身的经验，我做出了上述回答。

所谓能力，不仅指智商，还包括健康状况和运动神经等，多半是先天的，而热情却由自己的意志决定。这个能力和热情可以分别从 0 分到 100 分表示。两者是相乘的关系。

认为自己并没有杰出的能力，因而燃起热情，比谁都更努力的人，同自以为能干而骄傲自满、懈怠努力的人相比较，前者获得的成就，会远远高于后者。

在这之上，还要加上思维方式这个要素。所谓思维方式是指人生态度，可以从负 100 到正 100 打分。就是说，妒忌他人、憎恶社会、否定真挚生活态度的人，他们的思维方式就是一个负数。这种人能力越强、热情越高，其人生和工作结果的负值就越大。

一个人是否持有正确的思维方式，是否持有高尚的人生哲学，他的人生将会迥然不同。

实现梦想

"想要成就伟大的事业"。年轻人往往持有这样的梦想和希望。

但是实现梦想，必须依靠一步一步的、踏踏实实的努力。希望年轻人务必懂得这一点。不作努力，只是一味描绘远大梦想，那么不管何时，梦想不过是梦想而已。

在人生的旅途中，没有喷气式飞机，只能靠自己的双脚，由自己步行前进。认为达至梦想有什么诀窍或捷径，那是大错特错。像尺蠖虫那样一步一步地前行，这才是挑战伟业的真实姿态。

"一步一步地走，步履缓慢，哪怕花费一生的时间，也无法取得伟大的成就吧！"你或许会这么想，但这不对。

一步一步不断的积累，会产生"相乘效果"。就是说，每一天的扎实努力所产生的小小成果，会换来进一步的努力和成果。这种连锁反应，在不知不觉中，会让我们登上连我们自己也无法想象的高峰。

无论是个人的人生，还是企业的经营，一步一步踏实前行，乃是实现梦想的唯一可靠的途径。

正视自我

人或许并不那么聪明贤惠。

我年轻时也曾虚掷光阴。当我回首往事时，我几乎充满后悔："那个时候，如果这么做，该有多好啊！"

各位因年少气急，而想贸然行事时，父母亲都会提出忠告吧。但就是父母自己，在回首他们年少时的往事时，也会有许多懊悔。

反过来说，正因为父母在年轻时经历过沉痛的失败，为了不让孩子重蹈他们的覆辙，才会苦口婆心地告诫我们，提醒我们。

父母也好，孩子也好，都会在自己的人生中重复同样的错误。

如果在孩童时代就能预见未来，看透人生，当然是再好不过了。但是，没有一个人可以做到这一点。于是人们还是重复同样的错误，遭遇同样的失败。

然而，反过来可以这么说：正因为年轻时经历过失败和艰辛，人们才会利用这种教训，在后来的人生中取得辉煌的成就。

但是，为了做到这一点，必须具备诚实反省自己错误的谦虚之心，必须具备严肃正视自己的进取之心。这是理所当然的。

自辟蹊径

一时以为倒霉，长期看来却是幸运。人生常有这样的事。

我踏上社会的第一步，是进了京都的一家小企业。但是，工资拖欠，奖金没有，前途无望。遭遇这样的现实，我想要辞职。

但是，哥哥批评并阻止了我。加之当时的社会情势和我的家庭环境不允许我随便跳槽。我不得不继续留在公司。

不管愿意不愿意，我必须改变自己的心态，从现在的工作中找到乐趣。除了在所处的环境中自辟蹊径之外，我别无选择。

于是，我静下心来，埋头于研究，竟然有了可喜的成果。因为蹩脚的小公司缺乏优秀的人才，我就显得相当突出。上司表彰我，我就越发来劲，更加努力，上司更加称赞。出现了这样的良性循环以后，我的人生便豁然开朗。

如果一开始我就身处优越的环境，具备良好的条件，那就不会有今天的我。人生的真相，如果不从长时段观察，就难以看透，弄不明白。

第二章
找到工作的乐趣

确立人生的意义

"工作"到底是为了什么呢？

为了自己的生计，或者为了养家、赚取必要的金钱，这是工作的第一要义。

但是，如果出生于一个富翁的家庭，不需要为工作而奔忙，那又会怎样呢？

短时期内可以很潇洒，但每天每日无所事事，虚度光阴，就会厌烦。人不仅仅是为了领取报酬而工作，人需要追求精神的充实，换句话说，人需要在工作中追求人生的意义。

另外，工作要求长时间的注意力，不免劳神费力。如果只是为了某种义务不得不干，就越发让人感觉辛苦不堪。仅凭义务感，要持续工作几十年，那是不可忍受的。

这就需要把艰苦的工作变得生动而富有意义。就是说，需要喜欢上自己的工作。自己对自己说："我喜欢这项工作！"将自己的心向这个方向诱导。除此之外，别无他法。

有没有值得终生投入的工作可做，这是人生幸与不幸的关键。所以，关于工作的意义，我们必须重新审视。

喜欢上工作

"现在就想辞职不干！"诸位当中或许有人正这么想。其实，我也有过辞职不干的念头。因为工作实在是太辛苦了。

学生时代，为了应付考试，不得不用功到深夜，感觉难受时就想逃离那片苦海。这同现时的心境是一样的。

那么，离开了工作就能进入天堂吗？绝非如此。我想，辞职不出三天，人会就急于回去工作，否则更受不了。

工作繁忙，又得肩负相应的责任，所以感觉辛苦疲惫。但正是在辛苦疲惫之中，我们才能感受到人生的意义。

归根到底，还是要喜欢工作。这个"喜欢"才是我努力工作的原动力，世间认为我的生活方式过于严酷，我却因为"喜欢"而持续至今。

在旁人看来，那是超乎想象的辛苦。但因为喜欢才做，本人并不觉得其苦，记忆中也没有丝毫辛苦的印象。

无论哪个领域的成功人士都一样，他们都在自己的工作中体验到了无上的乐趣，他们都迷恋自己的工作。

不痴迷于自己的工作，绝对不会成功，绝不可能成就伟大的事业。

精于一业

我认为，只有把精力倾注于一个领域，钻研透彻，才能达至真理，理解森罗万象。

比如一名工匠，长期专注于工作，掌握了精湛的技术，即使谈论人生，他也能讲出精辟的见解。另外，经过修行提升了人格的僧人，即使论及其他领域的话题，他也能说出深刻的道理。还有园艺师、作家、艺术家等，凡是精通一艺一技者，他们的话语中都包含着丰富的涵养。

　　刚从学校毕业的年轻人，进入公司，做了一段时间觉得枯燥的工作以后，就心生疑惑："只干这么简单的工作能有出息吗？"他们会提出："希望让我干点儿别的工作。"

　　这就错了。知识广而浅，等于什么都不懂。只有一门深入，探究到底，才能一通百通。

　　这是因为在一切事物的深处，都隐藏着驾驭一切的真理。究明一个事物，就能理解一切事物。请大家牢记这一点。

日日创新

　　踏上工作岗位，一开始就得到称心如意的好工作，这是不太可能的。首先，对于分配给自己的工作，要抱积极开朗、诚实认真的态度，坚韧不拔，坚持到底，决不可半途而废。

因为只有经历千辛万苦，把一件事情做到极致的人，才能够触及到普遍性的伟大真理。

但是，并不是说，把最初的工作当成终生的事业，一味忍耐着干下去就行。在全力以赴的同时，必须经常思考："这么做行不行，那么做好不好"，不可千篇一律，以与昨天相同的方法、相同的思路去做相同的事情。

即使是小事情，也要每天反思，"这么做行吗？"不断改进。对于所有的事情都要问一问"这么做行吗？"反反复复，长此以往，就会取得卓越的进步。学到了基础知识以后，就要靠自己动脑筋，花工夫去钻研改进，这就是创造。

我认为，在人生中，没有每天每日的、新的创造，个人就不会进步，更不可能成为具备人格魅力的人。

施爱

随着日本社会日益富裕，人们的收入也增加了，劳动时间也缩短了，每个人都可以好好享受生活，这样的倾向越来越明显。这当然是好事，也很重要，或许这也是时代的潮流。

但是，我认为，我们还得更勤奋地工作。因为我的信念是：行善施爱是人最高贵的行为。

就是说，我们拼命工作所获取的利润，就是所谓汗水的结晶，不仅是为了我们自己的幸福，通过交纳税金，还用于为他人谋幸福。

世上还有很多贫困的人，身有残障拼命求生的人。另外，就在这一刻，世界各地还有忍饥挨饿、濒临死亡、急于求救的儿童们。帮助这些人，用间接的方法，就是用我们汗水的结晶去救助他们。从这个意义上说，我们辛勤工作确实是非常高尚的行为。

　　我相信，意识到这种大爱，为了大爱而不惜辛勤工作的人会很多很多。

第三章

战胜困难

首先得想

1965 年前后，我有幸聆听了松下幸之助先生有关"水库式经营"的讲演。构筑水库，经常保持一定的水量。经营企业也要有余裕，要有资金储备。松下讲的就是这层意思。

于是就有一人提问："你讲的水库式经营对我启发非

常大。但是，我们现在没有余裕，该如何做才好呢？请赐教。"

松下先生这么回答："该如何做，具体的方法我也不知道。虽然我不知道，但经营企业必须要有余裕。你必须得这么去想！"这么一说，众人以为"完全是答非所问"，所以全场哄堂大笑。然而，松下的这个回答，却给了我深刻的印象。

松下先生说的是："首先，心不想，事不成。"他的言外之意是：对于理想而言，"虽然想干，但现实很难。"只要心中有这种消极的念头，就无法实现目标。

人对自己不相信的事情，不可能努力去干。只有描绘强烈的愿望，从内心相信一定能实现，才能从困难中打开出路，成就事业。

突破壁障

成功者与非成功者之差，不过是薄纸一张。

非成功者绝非都是懒惰马虎的人。其中有的人与成功者一样，他们诚实、有热情，工作努力。

尽管如此，却有成功者与失败者之分。这个世界太不公平了，有人会这么抱怨。但是，两者之差虽然只是一层薄纸，但它却是一层不易逾越的壁障。

原因是不成功者缺乏韧性。当事情进展不顺利时，他们很快就会放弃。就是说，他们努力是努力了，但停留在普通一般的努力上，一旦碰壁，他们就会寻找适当的理由，安慰自己，停止努力，放弃目标。

首先，看起来难以做到的事情，必须韧性十足，坚持再坚持，直至成功。要打破自己心中固化了的常识，"自己只能做到这一步了"，这种顽固的既成观念，妨碍人们超越界限达至成功。

突破壁障的这种自信和自负，能使整个人格变得强韧有力。而这种坚韧不拔的品质又会把人引向新的成功。

把愿望提升至信念

我认为，人不应该为外界状况所支配，不应该成为"状况盲动型"的人。

所谓"状况盲动型"，是指自己本来打算"想这么干"，但顾虑到社会形势、经济形势，马上就觉得"实现困难"，从而轻易放弃的人。对状况的理解越是深入，就越觉得不可能。他们自己就得出了这样的结论。

相反，从内心深处"就想这么干"的人，就是具备强烈愿望的人。不管周围的环境多么困难，为了实现愿望，想方设法，绞尽脑汁，激情和创意源源不断。

　　处于同样严酷的环境之中，"状况盲动型"的人只是理解状况不利的一面，最终只能领悟到自己的愿望是多么脱离现实，多么莽撞无谋；但是，另一种人，他们持有发自内心深处的、提升至信念高度的强烈的愿望，他们思考的是如何解决问题，他们开始努力，开始千方百计、钻研创新。

　　就是说，有两种人差异很大，一种是理解"状况对我不利"而很快抛弃愿望的人。另一种是从下一刻开始就重新鼓足勇气、奋勇前进的人。

　　我认为，在人生中，锐意进取、成果卓著的人，屡屡遭受挫折的人，还有平凡庸碌的人，他们之间的差距就在于此。

迸发能量

如果不积极去挑战新的领域，那么企业也好，个人也好，都将没有美好的未来。

但是进入新的领域，无论是技术开发也好，市场开拓也好，都是极其艰难的事。在那里等着的，有未曾经历过的障碍，有超乎想象的困难。而打破壁障、克服困难，需要巨大的能量。

很早以前我就说过，想要成就事业，需要一种"狂"的状态。这是因为想要超越壁障，就要有打破这种壁障所必需的巨大能量。

所谓能量，就是从事这项事业的人的热情。燃烧般的热情、惊人的斗志、执着的信念，这些就是打破壁障的能量源泉，也是发起挑战所需要的条件。

所谓"狂"，就是指充满这类强大能量的那种状态。

人本来就有这种能量，这种能量的迸发，是在新的领域获取成功的根本保证。

从正面击破困难

课题虽难，但无论如何必须解决。决不从困难的状况中逃离，必须迎难而上，从正面与困难对峙。

这时候需要一种紧迫感，千方百计、无论如何也要把事情搞定。就像修行僧苦修苦行的那种状态。

同时，不能被一切成见偏见所束缚。必须用纯粹的目光观察眼前的现象。如果持有先入为主的观念，事物就不肯告诉我们真相。

一方面，具备"无论如何必须成功"的强烈愿望；另一方面，越是艰难越要冷静，必须具备细致周密观察现象的实事求是的心态。

这样的话，过去忽略的本质性的东西，会突然映入你的眼帘。我把这种现象称为"神悄悄的启示"。

只有抱着真挚的态度，只有在接受启示千钧一发的紧急关头，才会萌生真正的创造。如果想要得到卓越的灵感，就必须具备从正面迎击困难的姿态。

决不丧失希望

现在我相信境由心造，相信"心中所想的事物，会作为现象呈现"。但当我刚刚踏进社会的时候，我根本没有这样的观点，因为当时我做什么事都不顺利。

但是，即使在困境之中，我也没有失去希望，没有失去开朗的心情，这才造就了今天的我。

当时我住在二楼一间地板翘裂的破旧宿舍里，面积不足十平方米，榻榻米破旧不堪，连席草都露了出来。我搬来煤炉和锅，每天自己生火做饭。

公司的研究工作不顺利，人际关系也不和谐。宿舍后面有一条小河，河边有一排樱花树，黄昏时分，我一个人来到河边，独坐河畔，吟唱歌谣《故乡》。我的心伤痕累累，隐隐作痛。我放声歌唱，打起精神，鼓足勇气，第二天继续上班，全力投入工作。

烦恼人人有，不管何时何地都有。但就是在烦恼之中，也要努力去转变心境，决不能失去乐观开朗的情绪和对明天的希望。

提升心灵层级

广中平佑先生（京都大学名誉教授）因破解数学难题，而获得了菲尔兹奖（被视为数学界的诺贝尔奖）。当时，他是用增加"一元"的方法，简单地解开了那道难题。

广中先生说：“所谓复杂现象，不过是单纯事实的投影而已。”

人类社会错综复杂。职场的人际关系、亲戚朋友关系等，往往让人觉得复杂怪异。但实际上，人生也好，人际关系也好，看来复杂的关系也不过是单纯事实的投影而已。

例如，一个平面交叉的十字路口，当车辆从四面同时开来时，就会形成堵塞。但是，当增加“一元”，提高一个层级，即建立一个立体交叉口，车辆就能畅行无阻。这个三元的画面，如果从上向下俯视，只看到二元交叉，那么就会看到车子似乎在碰撞。明明是立体高架，却只看到平面交叉。正因为人们只看到二元这个“投影”，才哀叹这个局面“复杂怪异”。

人生和人际关系也是一样，让人担心害怕的，不过是单纯事实的这种投影而已。

所谓单纯的事实，其实就是自己的心灵，是自己的心灵制造了复杂难解的假象。

要从复杂现象中看出事物的真相，只有一个办法，那就是将自己的心灵提高一个层级。

追求正确

我从年轻时开始就经常自问："作为人，何谓正确？"并不断追求正确的做人之道。

看到社会的丑恶现象，我会自言自语："不能那样，做人应该这样才对。"我总是追求做人应有的正确姿态。

同时，拥有一颗追求正确的心，也就是追求理想的心。

尽管遭遇升学考试落榜、就职考试失败的情况，但是，我想我一定要更加努力，要考一个好学校，进一个好公司。在奉命开发别人不屑一顾的新型陶瓷时，我尽最大努力，使陶瓷成为最优质的材料。

　　即使处于近乎绝望的逆境之中，我仍然揭示理想，燃起希望，朝着梦想，拼命地、不知疲倦地工作。

　　在漫长的人生旅途中，大家或许会有不得志的时候，会有艰难、痛苦的时候，但是，越是这种时候，越要咬紧牙关，朝着理想，勤奋工作，不断付出真诚的努力。

　　上天在这种努力、真诚、勤奋面前，一定会低下它高贵的头。

避易就难

　　大学毕业后就职不久，当时我只是一名普通的员工，在一件事情上我与公司发生争执，另外，我还受到工会的攻击。自己一时曾陷入孤立无援的境地。

　　当时，我想象自己带领一个团队攀登一座险峻的高山。既没有经验，又没有攀岩技术，但我仍想试一试，垂直攀登，爬上那耸立的高山。在悬崖峭壁面前，有人畏缩，有人恐惧，有人掉队。因此，周围对我是一片指责之声。

前辈劝我："应该妥协。"换句话说，就是规劝我从山脚下的缓坡开始，选择较为平坦的登山道路，带领团队登上山顶。

我知道自己是一个脆弱的人。如果听从前辈建议的方法，选择好走的路，慢慢地爬，在到达山顶之前，恐怕我已经放弃了。另外，如果我选择安逸之道，对信任我的队友而言，他们会很轻松。但走这样的路，不能给他们带来真正的幸福。

如果坚信自己正确，那么，周围的非难指责也好，途中的艰难险阻也好，都不在话下。我下定决心，朝着顶峰，直线攀登。为了与大家一起攀上高峰，我对别人对自己一样的严厉苛刻。我认为这绝对没错。

第四章 做出正确的判断

细节也要注意

能够对事情做出正确判断的人，就是能够把工作做好的人。

要做出正确的判断，就必须要敏锐地观察自己所处的状况。为此需要触及事物本质的、敏锐的观察力。

这种敏锐的观察力源于精神的集中。但是，想要一下子精神集中，却总是力不从心。

其实，精神集中是一种习惯。如果养成习惯，平时连有关细节也予以注意，那么在任何需要的时刻，立即能将精神高度集中。缺乏这种习惯，要做到集中注意力于一点，就极为困难。

你或许太繁忙，但越是繁忙，越应该养成注意细节这一习惯。

即使你不感兴趣的事物，你也应该努力地予以注意。这就叫"有意注意"。

日常的"有意注意"能够左右关键时刻的判断力。经过训练，具备洞察力和注意力、能够以敏锐的神经做出正确判断的人，才是干脆利落处理问题的人，才是真正能干的人。

活用潜意识

如果能活用潜意识，就能迅速地、轻而易举地对事情做出正确的判断。

比如开汽车，如果转弯角度和车速的不同，方向盘的操作也不同。但驾驶熟练以后，无意识中就能正确判断情况，熟练驾车。这是因为经过反复练习，类似的模式进入了潜意识之中，它能瞬间涌现出来，应对相关情况。

日本象棋名将升田幸三说过："对局高潮时，制胜的一着，忽然在脑中闪过。我在头脑中考虑了几十种走法，慎重地探讨了各种可能性，但结果证明，还是最初直觉的那一着最为正确。"这是一个活用潜意识的绝好事例。我们在人生中经历的各种事情全都会进入潜意识。在这中间，每天每日用心重复的经验以及印象深刻的经验，可以返回显意识，并加以活用。

但是，印象强烈的经验可遇不可求。所以，对任何事情都认真地、用心地、反复地去想去做，这才是活用潜意识的唯一方法。缺乏平日里认真的态度，就不可能对事情做出正确迅速的判断。

通逻辑，合伦理

日文中常说："話に筋が通っている""筋が通らない。"意思是"此话有道理""道理上讲不通"。这个"筋"是指人的精神指标，换句话说，就是这个人持有的判断基准，也就是所谓哲学。

大家都会站在各自的立场上对事情做出判断。而且大家都会对照自己的判断基准，判断是非对错。如果要追溯这种判断基准的根源，那就会追到"道理"或"伦理"，也就是"作为人，何谓正确？"这一条原理原则。

　　所以，判断事情是否"符合道理"，不仅指逻辑上有无矛盾，而且要与做人的准则相对照，确认有无违背。

　　就是说，不是随意在头脑里做轻率的判断，而是回到人精神的最基本的原点进行思考，做出"符合道理"的判断。

　　缺少"筋"，就是缺少哲学的人，什么事情也做不成。因为他不明白自己的基准应该放在哪里。与此相反，有"筋"，即持有正确基准的人，万般皆通。因为这是万人都认可、都接受的东西。

　　为了做出正确的判断，必须在自己心中确立正确的判断基准。

把原理原则作为基准

　　时时都要依据原理原则做出判断，采取行动。

容易犯的错误，就是引用常识或惯例进行判断，然后行动，这是不可取的。只靠常识和经验，在遭遇新的情况时，就无法应对。每逢这种情况，就会举止失措，狼狈不堪。

如果能一以贯之地依照原理原则做出判断，那么不管在何种情况下，都不会困惑，不会迷失方向。

所谓依照原理原则，就是以社会的道德、伦理做基准，把做人的正确准则正确地贯彻始终。

依据人间正道进行决断，可超越时空，在任何环境中都能通畅无阻。所以，一贯持有正确判断基准的人，即便闯入未知的世界，也决不会惊惶失措。

能够开拓新领域、发展新事业的人，不是因为他们经验丰富，也不是因为他们具备常识，而是因为他们理解人的本质，因为他们依据原理原则做出判断。

不迷失原点

假设登山途中，陷入被浓雾包围、能见度为零的状况。如果那时再在岔道口判断进路，就可能因迷失方向而遇难。这时候，应该返回出发时的根据地，以图重新出发。这种做法，在开创新事业时，或在挑战无人涉足的研究领域时，也同样适用。

在新的领域中屡屡碰壁，走进了死胡同。在这种情况下，如果只把精力放在克服当下的问题上，那么即使解决了这些问题，但结果却是偏离了当初的目标。一味着眼于解决眼前的问题，不知从何时起，你已经远远地脱离了自己原有的目标。

自以为克服了某些障碍，自我安慰："干得不错！"还感觉满足："做到这份上，够好了。"但结果是，你已与本该有的成功相差了十万八千里。

　　之所以出现这种局面，是因为你随机判断，就事论事，没有回归到事物的原点。只有看清原点、立足于事物本质的判断，才能在未知的领域中获得成功。

从善的角度看待事物

　　要做出正确的判断，必须有正确认识。但拥有这个"正确认识"却极其困难。

　　因为事实虽然只有一个，但现象却因观察者的视角不同而不同。不存在所谓"绝对的事实"。观察现象的人，是通过自己心中的"过滤器"认识事物的，所以，认识是被主观所左右的。事实虽然只有一个，但却既可以解释为善，也可以解释为恶。这是我们日常经历的事。

　　例如，有一位拼命工作的人。如果认为此人珍惜只有一次的人生，努力加倍于人，拼命工作。从这个角度看，他是"善"的。但他不顾家庭，不顾自己的健康，也不会娱乐，只是一味干活，是个"工作狂"，从这个意义上讲，又可认为他是"恶"的。

很难判定哪种评价是正确的，或许两者都是错的。我认为，既然人的认识总要受主观意识的左右，就应该养成从善的角度来看待事物的习惯。

对事物持否定的看法，既不能解决问题，又不利于自己的成长。但是，基于高层次的心灵、对照正确基准得来的认识和判断，就一定会带来良好的结果。

抑制本能之心

人有"本能之心"和"理性之心"。

所谓"本能之心"就是斗争欲、食欲、性欲、嫉妒心等，是用来维持自己肉体和生命的。多数情况下，我们都是以这个"本能之心"作为判断基准，并对事情做出判断的。但是，这样的话，就与动物没有多大区别，而且还会做出错误的判断。

所以，我们有必要抑制本能之心。当本能之心被抑制时，人的心中就会产生空间，在这个空间里就会产生对事物进行逻辑推理的理性之心。这个理性之心在一个人的心中占多大比例，这是很重要的。

但是，抑制本能之心是非常困难的事，这是因为人缺少本能之心就无法生存。因此，不是说要消除本能之心。而是说，本能之心不可过度使用，需要做出努力，把本能之心抑制到最小限度。

为了抑制本能之心，最好的方法是，在利己的欲望刚冒头的时候，就对自己说："不可胡思乱想！不可随心所欲！"要不断地告诫自己。若是养成了抑制本能之心的习惯，就能够让理性之心活跃，从而对事物做出正确的判断。

将意识聚焦

所谓"理性之心"，是指对事物进行推理判断的心。使用理性之心时，要像透镜汇集太阳光线一样，将意识聚焦。不管什么时候，不管什么事情，都要认真地、用心地进行思考。这叫作"有意注意"。与此相反，比如听到声响就回头去看，这种无意识的反应，叫作"无意注意"。

因为人都有习惯性，将"有意注意"持续多年，养成习惯，就可以像激光光束一样，将意识聚焦。在发现问题的一瞬间，理性之心就会随之启动，抓住问题的核心。

然而，人还有"灵性之心"。灵性之心判断事物的正确程度，可以远远超越理性之心。它不经过推理推测，在一瞬间发生，对事物做出迅速而正确的判断。据说，世界上那些伟人们取得的成果，就是因为这种灵性之心犹如天助地反映在了他们的才能和技术上。

我们也有这样的经验：在苦境中感觉心中一亮，计上心来，宛如神的启示，如果把这称为"灵性之心"的话，那么它出现的前提就是：一味埋头工作，正面面对困难，不断追问"作为人，何谓正确？"始终实践人间正道。

如实观察

美好的、纯粹的心灵可以看见真相，而充满利己的心灵中，只能看到复杂的事物现象。

比如，"自己想得益"，基于这种私欲去做事，就会使简单的问题也变得复杂起来。还有，"想让别人看好自己"，为此而作的种种辩解，会模糊问题的焦点，延误问题的解决。

必须保持一颗"如实观察事物"的纯洁之心。正因为放任自己怪异的私心作祟，才使单纯的问题变得复杂起来。

即使自己蒙受损失，仍然必须如实观察事物。如果自己有错，就要坦率承认"自己不好"。当用这种清澈的目光审视时，就能把问题看得很单纯，就不会心生烦恼。

如果不摆脱"自己要轻松、要富足，想让别人羡慕自己"这类的私心，事物就不肯呈现它的真相。

为了直面真相，必须具备赴汤蹈火的勇气。如果具备即使自己流血流汗也敢于冒风险的精神气魄，就没有解决不了的问题。

第五章

提升工作水准

持续描绘梦想

我自称为"爱做梦的梦夫"。

因为我常常异想天开，爱做一些不合逻辑的梦。漫无边际的梦想一个接一个地在我头脑里出现。我就在这种梦想中拓展事业。

我不会将梦想很快付诸实行，但我却会在头脑中强烈地描绘这种梦想。实际不出手，但却花一年甚至两年的时间，在脑海里做模拟推演。这样的梦想也可称之为强烈的愿望。

这样的话，即使在游玩时，愿望也会进入头脑。例如，漫步街头时，某个与我愿望相关的事物，会突然出现在我的面前，而且印象深刻。

还有，在某次宴席上，实现梦想不可或缺的、渴求的人才会突然跃入我的眼帘。如果我缺乏强烈的愿望，这样的人和事或许就会一掠而过。

毫不起眼的现象中隐藏着绝佳的机会。但是，只有具备强烈目标意识的人，才能看出这种机会。

在缺乏目标的、飘忽空虚的眼睛中，看不见任何美妙的良机。

自我燃烧

物质中，有接受外来能量后燃烧的；有即使给予能量也不燃烧的；还有靠自己就能燃烧的。

就是说，物质可分三类：只要点火就会燃烧的可燃性物质；即使点火也不能燃烧的不燃性物质；靠自己就能熊熊燃烧的自燃性物质。

我们人也一样。要想成事，必须靠自我燃烧。因为热情、激情是成就事业的基本要素。

即使点火、即使给予能量也不燃烧的人，就是说，即使有点儿才能，但思想虚无，感情冷漠，不会感动，这样的人不可能成就事业。我希望的人才，至少是处在自燃型的人周围时，也能跟着一起燃烧的人。

但是，我们真正需要的，还是自燃型的人。再进一步说，不仅自己能熊熊燃烧，而且能够把多余的能量传递给他人。这样的人才是团队所必需的。

成为旋涡中心

凭个人一己之力难成大事。同上司、部下、同事等周围的人合作推进，这才叫工作。但是，自己必须积极主动找事做，周围的人才会自然而然地协助你。这就是"要在旋涡的中心工作"。

弄得不好，别人成了旋涡的中心，自己只在旋涡外侧打转，就是说，归根到底自己也就当个辅助别人的配角。

在公司里，像涨潮时的急流一样，到处都在翻卷着工作的旋涡。如果只在旋涡的周边蔓延漂流，很快就会被别人的旋涡吸引过去。

自己不处于旋涡的中心，不把周围的人裹挟进来，就感觉不到工作的愉悦，品尝不到工作的妙味。

　　我认为，能不能自己卷起旋涡，能不能成为主动积极的人才，这不但会影响工作的成果，而且决定了人生的结果。

在土俵正中相扑

　　我经常讲要"在土俵正中相扑"这句话。（在比赛台的中央发力。——译者）意思是，要把土俵的正中当作土俵的边缘，一开始就要全力以赴。

　　我想在学生时代，大家都有在考试前急急忙忙、通宵熬夜的经历。这时候，因为时间仓促，复习不完，不少人只能抱着破罐破摔的心理来到考场。本来考试日期都是事前安排好的，想要取得好成绩，理应早做准备才是，但一般人却总爱"临时抱佛脚"。

　　在相扑比赛中，有的力士要到脚踏赛台边缘的草袋时，才使出浑身解数把对方摔出去。我觉得不可思议，既然有那么大的蛮力，为什么不在比赛台中央时就使出浑身解数呢？

其实人生也一样。在土俵正中时，因为有充分的时间和余地，我们往往放松自己，要等到最后关头时，才慌忙采取行动。

我们应该设想已经没有余暇让我们轻松逍遥，在被逼到尽头之前就使出全力。另外，即使没到比赛台边缘，没陷入困境，也要设想风险，未雨绸缪。

如果不设置安全阀，无论人生、工作、经营都不可能稳定发展。

胆大心细

人大致可分两类，一种人细致、周密、一丝不苟，趋于内向；另一种人豪爽、大胆，趋于外向。我认为，要做好工作，需要兼备这两种性格。

在电视剧中常有剑客登场，身着便服，甚至醉态可掬，但觉察背后偷偷袭来的对手的脚步声时，拔剑，向后一击而中。见到这种场景，我们不禁为之喝彩。主人翁豪爽的外表之中，内藏着分毫不差的纤细神经。

光是大胆豪爽，难以将工作做到完美无缺；只靠细致缜密，无法产生挑战新事物的勇气。豪爽和细致是两种正相对立的性格，工作需要兼备这两种性格、且根据不同场景挥洒自如的人。一个细心而敏锐的人在积累了丰富的实践经验、并产生了真正的勇气之后，才算一个真正的人才。

但是，生来就兼备这两种性格的人很少。具备纤细神经的人，应该积极寻找锻炼的时机和场合，以求兼备勇敢而大胆的性格。

养成完美主义的习惯

在工作中，我追求完美主义。

但是，做事务工作的人觉得完成 90%，"就算不错了"，于是马马虎虎就收手了。因为他们认为，写错了用橡皮擦擦改改就行。另外，他们认为完成 90% 已经相当见效，所以不追求完美。

但是，在化学实验中，哪怕 99% 正确，只要有 1% 的错误，就会造成全盘失败。

经历考验的技术人员都懂得，小小的差错就会造成致命的失败。因此，他们会以严肃的态度追求完美主义。每天每日都以完美主义严格自律，是一件十分辛苦的事。但一旦习以为常，就会不觉其苦。这同发射人造卫星一样，发射人造卫星需要巨大的能量才能克服地球引力，但一旦卫星进入轨道，几乎不需要能量也能自行运转了。

必须把工作作为日常的习惯，做到尽善尽美。

第六章

提升自己

开拓未来

在明治维新这种酝酿着巨变的时代，如果没有适应潮流的、充满勇气和自信的年轻人出现，国家就没有未来。但是，并不是仅仅因为年轻，这种重大使命就会自动落到他们的头上。肩负开拓未来任务的，究竟是怎样的年轻人呢？

我认为，在职场里，就是有洞察力、积极提出意见、接二连三向上司提建议、立志改进职场、改变企业、热情燃烧的年轻人。

另外，这种年轻人还勤奋好学，具备近乎透明的纯粹心灵。他们绝非是性格乖僻的、虚无主义的、为发牢骚而发牢骚的人。

他们还必须具备自我牺牲的精神。只想自己占便宜，只图自己轻松快乐而提出意见或建议的话，别人只会当作耳边风。

但比什么都重要的，就是强烈的意志。如果缺乏粉身碎骨也要成就事业的决心，就不可能带动他人，就不可能实现真正的变革。

做不到的事要如实承认

我从鹿儿岛来到京都参加工作时，只会讲方言，是一个地道的乡巴佬，当时自己感觉非常自卑。

有的人因为被这种感觉所支配，所以屡遭挫折。但我坦然承认自己的缺点，所以没有什么挫折感。

"我是乡巴佬，社会上的事情什么都不懂，缺乏常识，虽然大学毕业，也只是乡村大学，比起大城市名牌学校的毕业生，实力差很多，因此必须从最基本的东西学起。"这么一想，我就更加拼命工作。

就是说，不要同自卑感格斗，而是坦然接受它，这样反而会觉得轻松，这种态度是努力进步的起点。

自己做不到的事，不要假装能做到。如实承认自己的弱点，从这里重新出发。这一点很重要。

我刚踏入社会的时候，就有了这种认识，并在工作生涯中不断努力。

超越平庸

现在的教育制度只要掌握学习要领、考个 60 分，不留级就能毕业。然而通过极大努力，门门功课 80 分以上的学生，同样也是毕业。

但两者之间，成绩虽然只差 20 分，但实际上却有更重要的本质差别。后者在取得优秀成绩的过程中，必定存在若干壁障，为了突破一个又一个的障碍，他们一定是呕心沥血，刻苦努力。

"60 分及格就行"还是"不甘平庸"、不惧障碍、勇敢迎击困难，这反映了两者精神上的差异，而且可以说这就是人生的分水岭。

如果要让自己更上一层楼，途中就会遭遇多重障碍，所谓障碍，就是自己那颗追求安逸的心。只有战胜安逸心的"克己之心"，才能使人超越平庸，出类拔萃。

人有好逸恶劳的倾向，鞭策自己，克服困难向前进，不是一件容易的事。但是，当战胜自己获得成功时，内心的喜悦是难以言表的。

战胜自己

大家应该见过下面两种人：

一个学生学习用功，取得了 80 分的成绩；另一个学生脑筋转得快，懂点要领，不努力也获得了 60 分。后者评论前者说："那家伙拼命死读书，成绩好有什么了不起，我要是认真起来，考的分数比他还高。"

毕业之后踏上社会，看见前者获得成功，后者又会说："那家伙学生时代并不怎么样，我可比他强多了。"后者喜欢贬低同学，炫耀自己。

事情果真如此吗？拼命死读书，意味着不看想看的电影，意味着战胜贪图安逸的自己。

事业上获得成功的人也一样，他们一定是克服了自己的玩乐之心，全力投入了工作。这就是"克己之心"的体现。

我认为，在评价人能力的时候，应该把这个"克己之心"考虑进去。换句话说，屈服于自己的欲望，一味贪图安逸，不肯努力的人，他们的能力应归于低劣。

在漫长的人生大舞台上获取成功的能力，绝对不仅仅限于大脑细胞皱折的数量。

热情成就事业

对一个人作评价时，必须看这个人的才能、能力。除此之外，我还重视热情。因为只要有热情，任何事情都能够成功。

即使自己能力不够，只要有热情，就可以把有能力的人聚集到自己的周围。

即使没有资金、没有设备，但只要你满腔热情地诉说自己的梦想，就会有人出来响应。

成就事业的源泉，就是这个人持有的热情。无论如何非成功不可的意志、热情和激情越是强烈，成功的概率就越高。

所谓炽烈的热情，是指一种精神状态，就是睡也想、醒也想，就是 24 小时思考那个问题。

当然，连续 24 小时思考是不可能的。但是那种执着的意识十分重要。这样的话，愿望就会渗透进潜意识。即使在自己不经意的时候，实现愿望的行动也会开始，你就能够承担比现在大得多的工作。

我认为，事业成功的关键，首先就在于热情。

用纯洁的心灵描绘梦想

炽烈的热情能够带来成功。但是，如果这种热情发自于私利私欲，成功就难于长期持续。

原因是：忽视世间的规则，虽然持有成功的要素——热情，但靠着热情一味蛮干，就会误入歧途。

要使成功持续，描绘的梦想以及热情必须纯洁无瑕。

就是说，渗透进潜意识的愿望有一个质的问题。

作为理想来说，完全脱离本能之心，为世人为社会做贡献，愿望极其纯粹，毫无私心，那当然最好。但是人要彻底消除私利私欲是极其困难的。

但是，至少工作的目的应该从“为自己”转变为“为团队”。这种转换就能增加愿望纯粹的程度。如果不是以这种纯洁心灵描绘的强烈愿望，上天是不会眷顾的。

抱着纯粹的愿望，从痛苦和烦恼的煎熬中摆脱出来，突然灵感闪现，局面打开。在紧要关头，"无论如何也要成功"的、强烈而纯粹的愿望，能够通天，能将潜力激发出来，把你引向成功。这是我的想法。

营造精神骨架

为了提升自己就要读书，希望大家认真地阅读好书。

无论是工作繁忙推迟下班，或者与客人应酬、喝了酒回家，再晚我也必定会读书。不是端坐在桌旁读书，而是躺在床上读书。在枕边放着多本哲学和中国古典的书籍，我常读的就是这一类图书。

我还把书带进厕所，带进浴室。周日休假时，我整天读书。

或许大家认为天天忙碌，因而无暇读书。但是，总可以挤一点的时间，亲近书籍，读一篇感动人心的好文章，而有所感悟。

当然，大家在工作中吃苦耐劳，通过实践磨炼自己而获得的体验最为重要。但在这之上，通过读书，吸收我们没有亲身经历的知识，同时，整理我们切身经历过的经验，这是很必要的。

实践和读书可以构建我们人的精神骨架。

说肺腑之言

听某些人说话，会觉得他在玩弄文字游戏。一般来说，这种人能说会道，语言流畅。听起来悦耳，给人好感。但如果仔细听的话，会发现他的讲话内容空洞无物。

有人会产生错觉，认为他们能言善辩。但是，我却感觉不到其中的任何魅力。与这种口气轻飘的人认真交流，我实在没有兴趣。再说得苛刻一点，我甚至觉得这种人非常轻薄肤浅。

　　我希望年轻人不要去模仿这种油腔滑调式的花言巧语。我倒是希望听到发自灵魂深处的真实声音，哪怕说得有点结结巴巴。

　　无论如何，拼命也得让对方明白自己的想法，发自内心的语言超过任何华丽的辞藻，诉求力非常强，能唤起对方的感动。

　　只有伴随着感动，才能得到对方由衷的理解。我认为，不需要那些天花乱坠的说话技巧，只要倾注全身全灵，真心说话就行。

真正的创造

已故的京都大学名誉教授田中美知太朗先生说过：
"创造发明的过程属于哲学领域，当在逻辑上被证明时，
它才成为科学。"

听到这句话，我非常感动。

在科学的世界里已经解明的常识，与真正的创造发明

之间，隔着一条深深的鸿沟。超越这条鸿沟的、飞跃性的发明发现，都是精神活动领域的产物。

就是说，不管积累了多少科学常识，也无法产生真正的创造发明。

在"地心说"视为常识的时代，伽利略相信并证实了"日心说"，因而受到了迫害。伽利略的"日心说"也是他的一种"我思，故我在"的哲学理念，是他的信念。

真正的创造，不是已有的科学常识的累积，它从跃动的灵感开始。这种灵感营造了哲学，被证明、被人们接受以后才变成科学。

将科学的常识强加于人，有时会压制创造性，而在非科学当中，才可能发现真正创造的端绪。

从自身寻找依据

在推进某项新事业的时候，无论遭遇什么艰难困苦，也决不妥协、决不退缩，朝着自己认为正确的道路笔直前行，这是非常重要的。

就是说，需要某种"无赖性"。

所谓无赖汉，一般是指反抗父母、对体制举反旗、与权威唱反调、一味坚持自己的主张、作梗捣蛋的人。

但真正的"无赖性"，是指无须依赖他人，具备独立精神。就是说，不是人云亦云，不是说些理所当然的常识，不屈从于多数。

不心存依赖，就是自由。不是依赖他人，而是依靠自己。

只有从自身寻找依据，才会孕育真正的创造性。从一切束缚中挣脱出来，获得自由。就能彻底追求自己的信念。

只有具备这种态度，才能产生创造性。

追求内心的理想

在创造领域内，没有基准可言。正如在漆黑一片、风浪起伏的大海中没有指南针的航海一样。

过去，我也曾有过类似航海的经历，我苦闷烦恼，企求光明的灯塔。但是，无人涉足的大海没有灯塔，有的只是自己心中的灯塔。

让自己心中的灯塔照得更亮些，用它的光芒照亮周围，确定自己所在的位置。就是说，必须由自己来照亮自己前进的方向。

就是说，如果没有其他基准作为参照的话，那么只能对照自己心中描绘的理想，看看还相差多少。在未知的领域里，只有这一种航海的方法。

这同追求完美主义是相通的。Better（较好）是同别的东西比较，相对较好的意思；Best（最好）是指同类东西中最好的意思；而 Perfect 是指朝着自己心中的理想境界，尽情追求的那颗心。

在没有任何基准的创造领域，只有把自己比作指南针，确定前进的方向。

开创新时代

"因为没有这个，因为缺乏那个，所以不可能。"有人总会列举许多不可能的理由。

但是，如果认为什么都没有，所以不可能，那么就绝对不可能开拓新事业。

在一开始的时候，什么都没有乃是前提。把这视为理所当然，无论如何都要实现目标，首先抱有这种强烈的愿望。然后，为了达成目标，怎样调集必需的人才、技术、资金、设备等，一味认真思考，殚精竭虑。

只要这样，我认为一定会梦想成真。

在实现新事业的路途中，一定会碰到难以想象的艰辛和困难。在充分认识到这一点以后，必须以"无论如何必须达至成功"的信念，勇往直前。

"胜算多少？"当有人问时，你或许答不出。但这并不重要，在独创性的领域里，我想就是如此。

革命也好，明治维新也好，都是如此，只有强烈的愿望才能开辟新时代。

乐观构想、悲观计划、乐观实行

新产品开发、新技术开发等，凡是在推进新事业中获得成功的人，我认为，首先都是能够乐观构想的人。

就是说，抱着无论如何也必须成功的梦想和希望，"超乐观"地设定目标。在开展新事业的时候，这是最重要的。

如果自己设置壁障，就不会有信心去实现如梦般的愿望。要相信上天给了我们无限的可能性。为此，要反复对自己说："我行！"必须激励自己，振奋自己。

当然，一旦进入计划阶段，就必须悲观地审视前阶段的构想。所谓悲观的审视，就是要慎重仔细地考虑可能碰到的一切困难。

然后针对这些悲观的要素制定好详尽的对策。在此基础之上，接下来就需要乐观地行动了。如果在实行的阶段也悲观，就不可能朝着成功的方向采取果断的行动。

在开始一项新的工作时，就要这样转换脑筋。不然的话，就有必要在不同阶段配置合适的人才。

思考到看见结果

在推进技术开发等新工作的时候，我经常强调"要思考到结果清晰可见"。

在反复诉说梦想的过程中，梦想和现实的界限逐步消失。这样的事我曾多次经历过。就是说，最初的阶段是当作梦想、当作理想考虑，但在不断思考的过程中，究竟是现实还是梦想，连自己也分不清楚了。只有到这个时候，我才认为这事靠谱，"梦想能够实现"。

然后，还在着手之前，什么还没干的时候，我就断言"能行"。这样一种心理状态，我用"看见结果"这句话来表达。

如果只是淡然漠然地思考所谓的梦想，梦想就会变为空想。只有在还没做的阶段就持有了"能行"的自信，这才能叫作"看见结果"。所以说，能否实现梦想，关键看你思考的深度有多深，长度有多长。

我认为，思考如果不到达"看见结果"的程度，什么事情都做不成功。

以将来进行时看能力

在选择新课题时，我有意选择超出自己能力的项目。

换句话说，我选择自己现有能力无法达成的课题，决定在未来的某一时点完成这个目标。

为此，项目的相关人员或者团队的领导人，必须具有培养和提高自己及其团队能力的构思方案。

就是说，瞄准达成目标的未来的那个时点，必须思考相应的方法，以使自己以及团队的能力，提高到完成课题所需要的水平之上。

根据自己现有的能力，判断能做什么，不能做什么。

这是谁都能做的。但是，仅仅这样不足以向新事物发起挑战。

现在不可能的事，将来无论如何也要做成。只有这样的志向才能催生划时代的成果。

"看待自己的能力要用将来进行时"，这是对有志于成就新事业的人提出的要求。

无止境追求自己的可能性

"有没有什么好主意啊！"人们往往倾向于向外寻求灵感。

但是，我却不向外寻找答案。彻底认识自己现在从事的工作中所隐含的一切可能性，不断地改善、改良。这样做的结果，就能实现当初难以想象的重大革新。

有人不知道我经历的艰难，只看到我成功的结果，就认为我有"先见之明"。我绝对不具备一般人所说的那种"先见之明"。如果说，我这种状态可称之为具备先见之明的话，那么，可以这么说：我们在追究现有事物的一切可能性的过程中，都能掌握卓越的"先见之明"。

为了越过这个不透明的时代，必须掌握"先见之明"。但这种"先见之明"从外部是求不来的。必须从自己的技术、自己的经验等，从彻底寻求自己周围所有可能性的过程中，从自己的内心培育起来。

我认为，不管时代如何变迁，达至革新成功的唯一的王道，就是注视自己的脚下，不知疲倦地、无限度地去寻求自身具备的一切可能性。

做好准备，再言挑战

"挑战（challenge）"是一个动人心弦的词汇。但挑战实际上伴随着巨大的困难和风险。同时还需要付出难以估量的辛劳、忍耐力，需要非同寻常的努力以及巨大的勇气。

就是说，能够承受风险的准备、迎战困难的勇气、不厌辛劳的忍耐和努力等，只有具备了这些条件之后，才可以说"挑战"。

我认为，不应该把"挑战"这个词当作文字游戏，老挂在嘴上。不具备上述条件而轻言"挑战"的人，可称之为"蛮勇"。

在企业经营中，持续挑战就要求经营者具备这种精神状态。还要求企业具备不论遇到何种危机，都能保证安全运行的、必要的资金能力以及充裕和健全的财务体质。对于个人来说，要摆出挑战姿态，就必须具备不受任何外界影响的坚定信念、持续不懈的努力以及由此培育起来的真正能力。

只有具备决心并具备各项相关条件的人，才有挑战的资格。

相信可能

在工作这一修罗场中，能取得新成就的人，都是相信事情可能成功的人。

正因为看到了前方因相信而产生的希望之光，才会去追逐。因此，现在之所以没能突破难关，只是因为"自己的技能不足，自己的努力不够"，这样谦虚地反省以后，才能朝着唯一的希望之光拼命努力。

越是独创性的领域，当事人越是要相信"这是可能的"。当这种可能性得不到任何证明的时候，自己心中必须相信，就是说，心中要持有希望之光。否则，当在独创性的道路上遭遇各种障碍和难关时，就会有挫折感，就会放弃。

如果相信，如果具备信念，就会在这条道路上一味持续前行，百折不回，哪怕倾其一生，也会追逐到底。不为外界所惑，全身心倾注于课题之中。这样的话，到时就会结出硕果。

对人而言，"相信"是非常重要的。必须相信自己的可能性，相信事情的可能性。

第八章

凝聚团队的力量

无私之心带动众人

调动人积极性的原动力只有一个，就是公平无私。所谓无私，就是没有谋取自己私利的企图心，不是依照自己个人的好恶或个人的感情做出判断。

领导人如果具备无私之心，部下就会追随。相反，一个自我中心的、时而流露私心的领导人会招人厌恶，部下也不会追随。

明治维新的核心人物西乡隆盛说过这么一段话："不要钱，不图名，不怕死，这样的人物最难对付。然而，领导人不达到这种无私的境界，就不能将国家大事委任于他。"西乡说的是：只有完全无私的人，才能赐予其高位。

领导人的一项指令能使部下士气高昂，也能使部下痛苦不堪。领导人若根据自己的利害得失发出指示、做出决定，或感情用事，那就没有人愿意跟随他。

作为领导人，首先必须明确摆正自己的位置。然后，摒弃自利自欲，在为自己的团队这一大义之下，确立自己的坐标轴。

自我牺牲赢得信任

领导人都必须具备付出自我牺牲的勇气。

　　一个集团要做成某件事情，一定需要相应的能量，而获得这种能量就需要付出相应的代价。领导人应该率先付出这种代价。

　　领导人表现出自我牺牲的勇气，就能赢得部下的信任，振奋部下的斗志。

　　比如，要改善职场环境，不是为了方便领导人，而是为了职场大多数人工作的便利。为此，不得不让领导人做出某些牺牲。但是，领导人如果缺乏这样的勇气，职场的改革和改善就难以有效进行。

　　如果领导人只为自己改变职场环境，那么，部下就没人愿意追随。

　　一个让集团多数人感觉方便和舒适的环境，只有领导人付出自我牺牲来打造，才能赢得部下的信任和尊敬，才能形成职场的协调和规范，才能让团队获得发展。

职场的道德楷模

领导人必须具备勇气、廉洁自律。

换句话说，领导人绝对不能有卑怯的表现。领导人不仅要用头脑来理解职场的道德规范和规章制度，而且必须带头身体力行。

领导人卑怯的举止会纵容不正当的行为，引起团队内部的混乱，还会失去部下的信任和尊敬，带来职场的欺瞒风气和道德堕落。

真正有能力的领导人具有贯彻正义的勇气，一旦有错，如实承认，马上向团体和部下道歉，决不逃避责任，或找借口文过饰非。

领导人不可忘记，自己的一举手一投足部下都看在眼里。自己要求部下做的事，只有自己率先垂范，说到做到，部下才会追随。

领导人的行为、态度、姿势，不管是善还是恶，影响不只限于自己个人，而会像野火般迅速扩散到整个团队。这点必须铭刻于心。

团队是反映领导人的一面镜子。

向部下注入能量

即使给部下一个好项目，部下本人如无热情，事情就无法成功。这点不容置疑。即使给他准备了所有的物质条件，结果还是一样。

相反，物质资源虽不充分，但"无论如何也必须成功"，领导者满怀热情，向部下诉说，将部下的士气提升到与自己相同的水平，那么事情就可以成功。

这就是领导人将自身的热情、能量注入给部下，在部下原有的能量之上，再注入自己的能量，使部下的能量水准达到甚至超过自己。

上司下命令："你干!"部属回答"明白了"。如果是这种程度，项目成功的概率大约是三成；如果部下说："我加油!"那么成功的概率大约是五成；但是，如果提高部下的能量，使他们把工作当成自己的事业，那么成功的概率就可达九成。

部下对工作究竟持有多大的热情，这是工作成功的关键。给缺乏热情的员工注入这种热情，是领导人的工作。

评价、起用、帮助

育人在于严格教育的同时大胆起用，让他获取自信，让他有用武之地。

但是，起用部下，领导人必须能够对人做出正确评价。此人是否有充分的资质，是否能胜任这项工作，必须做出评价。

当然，评价一个人时，有必要从人品和能力两个方面着手。但我把人品放在第一位。因为人品对工作的影响极大。

满足这两个评价条件的人当然要安置到相应的岗位，但我决不会从此放任不管。人都有其长处和短处。要不断观察他不足的地方、缺失的地方，并予以帮助。我亲自帮助他，或安排别人帮助他。当然，缺失的部分要向本人指出，让他锻炼。这点不可忘记。

但是最重要的还是领导人自己。领导人必须具备对部下做出正确评价的高尚人格和出色能力。

以大善引领团队

领导人必须用爱与部下相处。但这种爱绝对不是所谓的"溺爱"。

"善"有大善和小善两种。

例如，因为孩子可爱，就一味娇纵，结果孩子长大后误入歧途。相反，对孩子严格教育培养，孩子的人生幸福美满。前者是小善，后者是大善。

在职场里也有各种各样的上司，其中，有的上司倾听部下的意见，为年轻人创造良好的工作条件，亲切和善。但有的上司就非常严厉。

缺乏信念、一味迎合部下的上司，这并不利于年轻人的成长。虽然年轻人会感到轻松，但轻松舒适会宠坏他们。用长远的目光看，严厉的上司能锻炼部下，使部下快速成长。

有言道："小善乃大恶。"就是说，表面的好，对本人是否真的有利？领导人必须分清什么是对部下的真爱。

第九章

成为卓越的领导人

把团队引向幸福

在问到领导人的资质时，有人认为：有能力、有指挥才能、具备优秀的人格，这就是理想的领导人。

但是，还有一个重要问题，希望这些人能够理解。

为什么上天要赋予你这种领导人的才能呢？这并没有非你不可的必然性，赋予别人也未尝不可。

　　我认为，才能这个东西，是为了将集团引向幸福、上天在人世按一定比例赋予的资质。因此，我认为，偶尔被赋予这种才能的人，应该把这种才能用来为世人、为社会、为集团服务，而决不能用于为自己谋利。

　　换言之，与生俱来便具备领导才能的人，就必须履行上天赋予的、作为领导人的义务，决不能炫耀才华，傲慢不逊。

　　决不可将天赋的才能据为私有。领导人应该谦虚，应该为集团、为社会用好自己的才能。

改革现状，创新前进

　　领导人必须始终持有一颗创造之心。必须经常提出新的要求，保持创新思维。

　　如果不能把创新思维不断植入团队，这个团队不可能获得长期持续的进步和发展。安于现状的结果就是团队的退步。

如果领导人安于现状，整个团队也就会不思进取。这样的人成为领导人，是团队最大的悲哀。

创造是在思考再思考、透彻思考中，在殚精竭虑、苦思冥想中，才可能产生的。从突发奇想中，从心血来潮中，是不可能产生的。

所谓创造之心，就是强烈而持久的愿望所催生的永无止境的追求之心。

领导人应该成为深刻思考的人，就是在痛苦挣扎中，在摸爬滚打中，孕育创造性的人。

保持谦虚的态度

领导人必须时时保持谦虚的态度。

一旦登上权力的宝座，人往往就会堕落，变得傲慢不逊。在这种人的领导下，即使能获得一时的成功，但因为得不到周围人的协助，集团持续的成长发展是不可能的。

现在，以自我中心的价值观，强烈主张自我的人逐渐增加，其结果，就是产生了彼此的对立和冲突。

与此相反，因为对方存在，才有自己的存在；或者把自己作为整体中的一个部分来认识。这是日本自古以来就有的思想。只有站在双方的立场上思考问题，才能维系团队的融合及和谐，谋求协调合作。

领导人要在集团中营造这种良好的氛围，营造良好社会的土壤。为此，领导人必须意识到"正因为有部下的存在，才有自己的存在"，始终保持谦虚的态度。

只有保持谦虚精神的领导人，才能创造一个配合协调的团队，并带领团队走向长期发展的道路。

备好判断的尺子

领导人每天都要听取部下各方面的汇报请示，并做出决断。另外，回家以后，妻子也会有事同你商量，你也要做出判断。

判断，就是将问题与自己心中的那把"尺子"相对照，然后做出决定。

然而，有的人心中却没有这样的"尺子"。因为自己没有判断用的尺度，所以只能借助世间的常识、先例、习惯，或他人的建议，来代替自己做判断。

还有人持有"自我中心"的尺子。把对自己有利还是有弊作为判断的基准。这虽然也是一种基准，但他们只能做出利己的判断。

人生是一个接一个的判断积累。如果能够不断做出正确的判断，就能度过一个美好的人生。为此，必须持有判断用的"尺子"，也就是哲学。

这种哲学就是公正、正义、诚实等，就是做人的正确人生观。必须把这种人生观作为判断乃至人生的"尺子"。

健康的身心产生公正的判断

领导人还必须特别注意身体健康。

一个团队的负责人在做判断时，如果因为自己的健康状况不同而做出不同的判断，就会给团队带来麻烦。

就是说，在做某个判断时，如果健康欠佳、体质恶化，就会力不从心，无法做出纯粹的判断，判断的方向都可能发生错误。

领导人的这种私心会把团队引向错误的方向，会给团队带来不幸。

说得极端一点，我认为，当领导人不能不忧虑自己的健康和体力的时候，就应该主动退位。因为从那一刻起，他可能已经无法做出公正的、正确的判断了。

如果想用自己多年积累的知识和经验为团队继续做贡献，他可以转而当参谋。

领导人必须是能够以光明正大的、诚实之心做出判断决断的人。换句话说，领导人必须具备毫无私心的精神和一个健康的身体。

磨砺自己

一旦当上领导人，工作就会很忙。但仍然要花工夫磨砺自己。

全力投入工作当然很好。但光靠这一点，人格也好，技能也好，往往只会停留在职场的水准上，很难与整个社会接轨。

因为缺乏见识，缺乏正确观察社会的眼光，不理解"有了对方才有自己"的道理，人就容易迷失自我。人只有在与别人的相处中才能提高自己的认识水平。不明白这一点，就会形成独断的性格。

不是说只要拼命工作就能成为一个杰出的领导人。领导人应该在人格、技能和见识方面都出类拔萃。

休息日逛逛书店，只要看一看书名，就会发现自己该读的书。一个月读两三本书，提升自我，塑造自己优秀的人格。

提升和磨炼自己，也是领导人应该用心去做的工作之一。

树立高层次的企业目的

企业经营的目的是什么？这一点非常重要。我认为，应该尽可能确立高层次的企业目的。

那么，为什么需要高层次的企业目的呢？经营企业，必须点燃激情，提升能量。而想赚钱、想出名，这类欲望虽然也具有强大的能量，但一定伴随着愧疚感，而这种愧疚感会销蚀能量。

人是需要大义名分的。无论从别人的角度来看，还是从自己的良心来说，都可以称之为高尚，企业就需要这样的目的。持有一个值得向人夸耀的、光明正大的目的，那么，对谁都不必有所顾忌，这样就可以提升能量。所以，企业经营的目的，以高层次为好。

企业经营的目的，换言之，就是企业经营者的人生观。从扭曲的人生观中所产生的狂热激情，可以取得一时的成功。但是最终必将导致失败。

净化自己的哲学和人生观，使它变得优秀卓越，就不会失去已经到手的成功。

领悟企业的目的

在京瓷创办一年以后，我才意识到，办企业是一件非常棘手的事情。

我们八名创业伙伴设立公司的目的，是想把自己的技术在世间发扬光大。但是，录用不久的年轻员工们却想把他们的一生托付给公司。可以预见，这种认识上的差距会给员工的将来带来不幸。

这个矛盾促使我对"企业是什么"这个问题进行了认真思考。既然员工们把人生的梦想托付给了公司，我就决不能辜负他们的期待。从那时候起，我就把企业的基本目的从"让自己的技术问世"，转变为"追求全体员工物质和精神两方面的幸福"以及"为人类社会的进步发展做出贡献"。

就是说，首先要负责在公司工作的全体员工及其家人的生活，要让他们度过幸福的人生。不止于此，还要用我们开发的技术为科学技术发展做贡献，另外，还要将利润的一部分交纳税金，为公共福祉做贡献。就是说，为人类社会的进步发展助上一臂之力。

我认为，除此之外，企业再无别的目的。

统一方向，凝聚合力

人作为个体来到世上，可以自由生活，所以抱有各种各样的观点，这无可厚非。在一个组织里，每个人都完全按照自己的想法自由行动，如能协调和谐，应是最佳的状态。

但是，根据我的经验，这只是一个空想。在现实中，这种做法不能凝聚众人的力量，作为组织就会失败。看看历史就能明白，一群乌合之众组成的集团，没有长期繁荣的先例。

这是因为，构成集团的每个成员志向都不一致的话，力量势必分散，不可能持续发挥威力。为此，需要不断统一团队行动的方向，凝聚合力。

所谓"统一方向，凝聚合力"，就是具备共同的价值观。作为人，为了正确思考和行动，需要拥有共同的最基本的哲学，把哲学作为坐标轴，然后充分发挥每个人各自具备的个性。

如果是兴趣小组，那么只要自由想象、发挥个性就行了。然而，对于具有使命感的企业而言，只有具备共同的价值观，才能集中力量，促进企业持续发展。

看透本质

社会日益复杂，随之而来的现象也复杂起来。光看现象层面，就会被极度复杂的社会现象所蒙蔽，迷失事物的本质。在企业经营中，看透现象中包含的本质非常重要。

例如，在所谓《日本列岛改造论》的影响之下，日本掀起了炒作土地的热潮。许多企业竞相购入土地，期待地价飞涨。但是我却告诫自己，要靠辛苦流汗，靠制造产品、销售产品来获得利润，这才是本分。所以我当时没有购买土地。

后来发生石油危机，许多企业资金被土地套牢，动弹不得。

而此时，我们公司手头资金宽裕，金融收入也大于支出，可以投资新设备，因而获得社会高度评价。

我并没有什么"先见之明"。世间很多人被现象所迷惑，一味地随波逐流。而我思考"究竟何谓正确"，坚守自己的人生信念。如此而已。

光明正大地追求利润

经营者为了自己的企业和团队，必须追求利润。

追求利润绝对不是什么可耻的事情。在自由竞争的原理正常发挥作用的市场经济中，通过光明正大的商业活动获取的利润是正当的利润。在激烈的价格竞争中，努力追求合理化，提高附加值，经营者和他的团队额头流汗产生利润，这种利润应该堂堂正正地去获取。

但是，不能允许这样的经营活动——违背做人的道德，采取可耻的手段，去过分追求利润。努力地通过工作，通过制造产品来光明正大地获取高收益，这才是我们应走的正道。

决不可采用损害他人的卑劣手段，梦想着一攫千金。在石油危机时期，有的企业以为遇到了千载难逢的发财机会，囤积商品，哄抬物价。但是，现在还依然事业兴旺的企业的经营者中，当时那些丧失良知、追逐暴利的人，已不复存在。如果还有的话，他们的企业恐怕也已经日薄西山。

让客户满意

企业是追求利润的组织。但有人却误解了这句话的本意，做事只顾自己赚钱。

但是，这是绝对不行的。让公司外部的客户满意是理所当然的，就是在公司内部各部门之间，也要让对方满意。这是经商之本。

为了按时交货而拼命努力，就是为了让客户在需要的时候把产品交到他们手上；还有，必须做出完美无瑕的产品，也是为了满足客人的期望；再进一步，为了让客户获取更多的利润，我们还必须开发新产品。一切都从让客户满意的角度出发。

有太多的人只考虑自己的利益。但是，事业的良机决不会光顾这种自我中心的人。能够把企业经营得有声有色的人，都是能给客户带来更多利益的人。这种态度也会给自己带来商业机会，带来更丰厚的利润。

受客户尊敬

经商就是累积信用。信任自己的客人增加了，赚得的钱自然会更多。另外，日语中表示赚钱的"儲"字，就是"信者"二字构成。这一说法自古有之。但是我认为，还有比信用更高一筹的东西。

当然，信用是基本。我们可以用物美价廉的产品，以准确的交期，以周到的服务，来赢得客户的信任。

但是，如果卖家具备高尚的道德和优秀的品格，就可以超越信任，博得客户的"尊敬"。

我认为，经商的极致在于得到客户的尊敬。如果受到客户尊敬，那就不会产生因价格等因素买还是不买的问题，客户会无条件地购买。

道德超越价格、质量、交期等物理性标志。这里的"道德"就是经商之人应该掌握的"哲学"。换言之，就是让人自然敬服的"器量"。只有具备了这种资质，才能成就辉煌的事业。

明确企业哲学

"日本式经营"举世瞩目。欧美人无法理解"日本员工为什么那么卖命为公司工作？"他们认为：日本一定有优越的经营管理体系。

但是，他们错了。日本人的勤奋源于"以勤为贵"的思想，这是日本自古以来就有的传统价值观。日本企业之所以优秀，就是因为具备这种价值观的员工拼命工作的结果。

但是，再过十年，在富裕中成长的一代人将在企业里占中心位置，个人主义可能占上风。美国产业的衰落，就是从个人主义过头、劳动意识丧失开始的。如果日本也盛行个人主义，那么日本企业也一定会走下坡路。

但是，即使在崇尚个人主义的美国，也有像 IBM 和惠普那样因积极倡导企业思想哲学而持续发展的企业。因此，日本的经营者不要以为员工们生来勤劳、并具有传统价值观就万事大吉了。对于年轻员工，必须让他们认识到劳动的意义和人生的价值，也就是要明确提出企业的哲学，并努力获得他们的共鸣。只有这么做，美国产业衰落的教训才能成为日本的"他山之石"。

第十一章 建立以心为本的企业

心灵铸就伟业

我一贯致力于"以心为本"的经营。换句话说,思考怎样在企业里建立心心相连的、牢固的信任关系。我以此为焦点,推进企业经营。

要别人爱你,你先要爱别人。要构建以心为本的可靠人际关系,经营者自己必须持有一颗纯粹的心灵,才能将持有纯粹心灵的人聚集起来。

抱着这种观点，我极力戒除经营者的任性，摒弃私心，为了让员工们由衷地信任公司，我甚至不惜自我牺牲。以这种坚强的意志投入工作。

确实，如人心般难测易变的东西，世上没有，但如人心般坚牢而且重要的东西，世上亦无。

纵观历史，凭借美好人心成就的伟业不胜枚举。相反，因人心堕落导致集团崩溃的事例也不在少数。

不可忘记：心可换心。

信任关系从自己内心构筑

缺乏互相信任的人际关系，企业经营就寸步难行。

那么，怎样才能构筑互相信任的人际关系呢？

我首先想到的是，寻找值得信任的合作伙伴。就是说从自身之外去寻求信任关系。

然而我错了。我意识到，如果自己不能成为一个值得别人信任的人，与别人之间的信任关系就无法建立。

与别人的信任关系，不过是自己内心的一种外在反映。

我曾多次遭人背叛，但即便如此，也不要紧。我认为仍然应该全心全意地去信任别人，并且不断自问自答：我自己的心是否值得别人信任？及时修正自己的态度和行为。

即使自己蒙受损失，也要相信别人。只有这样，才能产生互相信任的人际关系。

信任，应从自己内心而不是从外面求得。

关爱之心赢得信任

我想，在发展顺利的企业里，经营者总是一马当先，带领追随自己的员工，不断将工作向前推进。

这是理所当然的。但经营者也不要忘记回头看看，确认员工们是否跟上了自己的步伐。

想要员工们紧跟经营者，不仅需要员工们信任经营者，还需要员工们超越信任、"尊敬"经营者。而要做到这一点，在平时就必须重视与员工心与心的沟通。

当然，在繁忙的工作中，要与全体员工经常保持接触是不可能的。但是，经营者不要一本正经、摆架子，而要珍惜与员工接触的机会，比如与大家一起吃顿饭，或者说一句鼓励和慰劳员工的话。这些发自内心的挂念就能打动员工们的心。持续这样做，就能在公司内部营造和谐的氛围。

当然，"信赏必罚"是需要的。但是，严格的背后要体现关爱。必须有这样的行动，经营者的严格要求和指示才能真正生效。

让利于企业

当企业的利益和经营者个人的利益放在天平的两端时，总是把重心放在企业一边。经营者必须具备这种伦理观。

比如，有这样的情况：当公司股票上市的时候，有两种做法：一种是公司把现有股东所持有的股票上市流通；另一种是公司发行新股，在股票市场上公开。两种方法都可以采用。

前一种方法是让股票溢价部分进入经营者和其他股东的腰包；而后一种方法是让股票的溢价全部归公司所有。

　　我在公司上市时，毫不犹豫，当即决定采用发行新股的方法。这是因为在企业里，我把员工看作自己的伙伴。为了真心相交、互相信任的伙伴，我甚至不惜生命。而同时，员工也非常理解我，他们总是拼命地工作。

　　为了伙伴即员工的将来，必须让企业资金充裕，必须让企业长期繁荣。这是作为经营者最基本的道德义务。

目标要高

　　关于"理想的企业应该是怎样的"这个问题，有各种各样的议论。这时候，你自己"想办一个怎样的公司？"这个企业目标不明确的话，那就无从谈起。

　　如果是"瞄准第一"这样的高目标，那么实现目标的章程将非同寻常。

　　在影响企业经营的要素中，有看得见的部分和看不见的部分。看得见的部分，比如资金实力、研究开发能力、机械设备等可以具体计算的东西。所谓看不见的东西，比如经营者和员工们共同营造的企业风气、哲学和理念等。

为了实现高目标，所有这些要素都必须充分发挥作用。如果立志当第一的话，在企业哲学和行动指针上也必须是超一流的。这对经营者、对员工来说，是非常苛刻的要求，要求他们具备严格的生活态度。

如果想"要做成一流的企业"、"要在卓越的企业里工作"，那就有一个相应的章程，包括经营者内的全体员工都必须履行自己的义务。这点不可忘记。

超越代沟，获取共鸣

将经营者的哲学传递给员工的时候，因为年龄、生活环境和人生经验等方面的不同，会产生理解上的差异。

　　如果经营者与员工年龄相仿，兴趣和行动彼此相通，就可以利用这种亲密关系，带动员工。

　　但是，年龄差异大如父子，那么经营者的哲学所反映的时代背景的色彩越浓厚，年轻人就越难接受。

　　为了让年轻人理解接受，经营者的哲学必须具备普遍性，具备凡是人都可以共通的基础。不管年代相隔多远，如果是立足于"作为人，何谓正确？"这一原理原则之上的哲学，那就一定能够超越代沟，获得年轻人的共鸣。

　　有人叹息"现在好逸恶劳的年轻人越来越多"。但是，对未来怀抱梦想，努力进取，这是超越世代的共同愿望。

　　我相信，只要找到梦想，只要持有兴趣，"无论多么艰苦的工作也决不逃避"，这样的年轻人不在少数。如果基于这个共同点，我认为，年轻人也一定能够理解经营者的哲学。

角色产生等级

我把公司看作一个"剧团"，这个剧团上演"企业经营"这一出雄壮的戏剧。

英俊的男演员和漂亮的女演员扮演主角。围绕主角，有跑龙套的，还有反面角色。在舞台背后，有管大道具、小道具的人，还有黑衣（身穿黑衣的辅助人员。在歌舞伎中收拾舞台上的道具，帮演员换衣等。与剧情无关。——译者注）以及管音响、照明的人等。需要大家齐心协力，才能演出一场好戏。

人都是平等的，只是角色不同。但是，因为平等而让戏中主角穿上黑衣的服装，戏就无法演下去。根据角色不同，主角要穿上华丽的衣裳，要摆出像样的架势。

公司也一样，当社长也是一个角色。社长穿着寒碜，有碍公司体面；要给社长配上适合身份的车子；社长还需进行必要的交际；另外社长责任重大，还需给予必要的待遇。

但是，所有这些都不过是角色的需要。如果发生错觉，以为自己是社长就可以独断专行，那就大错特错了，那是将角色错当成特权了。

即使是企业创始人也不可以为所欲为，归根到底平等是基本，不过是因为角色的不同，才需要职级的差异。

第十二章 打开新的活路

向困难的课题挑战

过去船员的格言是："一板之下是地狱。"

这句话表达了创业不久的企业员工的处境：危机四伏，未来将会怎样，没有任何保证，所以只能拼命工作。然而，随着公司的发展，过着富裕生活、不知贫困为何物的新生一代不断增加，员工们的工作态度和热情也随之发生了变化。

　　这或许也是理所当然。跟乘坐钢铁轮船的人去讲什么"一板之下是地狱"，他们很难理解。

　　身处危险之中，周围的环境不允许人们有丝毫怠惰，所以只能拼命努力。但在既有设备、又有资金的优越环境中，要鼓起冒险精神创办新的事业，我认为，精神上的难度要远远超过从前。

　　尽管如此，为了果断地发起挑战，就不能满足于现状，就需要具备把自己逼入极限的精神。

　　在精神上追逼自己，就是说，给想要贪图安逸的自己一个艰难的课题。只有具备这种真挚人格的人，只有一心一意为自己的事业绞尽脑汁的人，才能在这个富裕的时代中开拓新的活路。

沉醉于工作

为使事业获得成功，我认为，首先要怀有梦想，并沉醉于这个梦想之中。

但多数人认为：在创业时"不可沉醉于梦想"。因为推进事业需要细致的收支计划，需要预算核算。在陶醉的状态下干事业必败无疑。

然而，要下定决心开创新事业，在跨出这一步时，激情是绝对必要的。

例如，如果没有处于沉醉的状态，第二电电这项事业的启动是不可能的。这一事业需要投入庞大的资金，没有任何人能够保证我们成功。如果从理性判断，只能得出一个结论："绝对不能参与。"

促使我下定决心、坚决跨出这一步的，就是"沉醉"这一精神状态，沉醉带给我激情。这件大事无论如何也要干，这个梦想犹如决堤洪水，以不可阻挡之势驱使我大胆行动。

当然，沉醉状态只能到下决心采取行动之前为止，从着手行动的那一刻开始，就要回归到与沉醉状态截然相反的理性状态，详尽地思考推敲具体的实施方案。

动机至善

在企业经营中，我有一个习惯。

就是在开展新事业的时候，我会自问"动机善否？"在做某件事时，我会这样自问自答，判断自己动机的善恶。这里的所谓"善"，是普遍意义上的善，所谓普遍，就是无论在谁的眼里看来，普遍都是好的。如果只考虑自己的利益和方便，或者只顾自己的面子，那么，就做不成有价值的事情。起事的动机，必须自己内心能认可，必须让别人也能接受。

在事业推进中，我还会问自己："过程也善吗？"为达目的而不择手段，采取不正当的行动，到时一定会遭报应。在事业进行的过程中，也不可以脱离人间正道。换言之，有必要问清楚自己"私心无吗？"检查自己的心，检查在事业推进过程中有无自我中心的倾向。

我坚信：只要动机是善的，实行的过程也是善的，就不必担心事情的结果，结果一定成功。

拼命过好今天这一天

我没有制订过长期的经营计划。今天的工作尚且不顺，明天又无法确知，我们又怎么能预见到十年以后的景况呢？

因此，我想，首先要过好今天这一天，今天这一天努力工作，钻研改进，就能看清明天。这样一天一天连续下去，经过 5 年、10 年，成果就会相当可观。

与其去担忧无法预知的将来，不如踏踏实实过好今天这一天，努力把这一天的事情做到尽善尽美。我认为这一点很重要。我就用这种态度投入研究，从事经营，直到今天。

结果是，我能够断言："今天全力以赴了，明天就看得清楚了。"反过来说，这种态度坚持了 30 年之久，就可以预测将来的变化。

这也就是"一门深入，一通百通"。换句话说，就是能体会到"拼命工作达至万般皆通"的境界。要正确地预知将来，只有靠今天的努力，因为将来位于今天的延长线上。

透彻思考工作

我在开展新事业时，从来没有过担心和不安。

当然，开展新事业，道路不可能一片平坦，每前进一步都会遭遇障碍，接连不断地克服一个又一个的障碍，但我不曾抱有过一丝一毫的不安。

这是因为我事先已经"看到"了事业必将成功，并"看到"了达至成功的过程。

能够顺利推进的工作，必须在开始前就能"看到"最后的终点，从一开始就充满信心。必须在头脑产生一种印象，似乎正在走着"以前曾经走过的道路"。

为了做到这一点，就必须将课题在头脑里不断地思考，思考到不留一点儿疑虑为止，就是在头脑中进行彻底的模拟推演。这样做的结果，要解决的课题就会在头脑里定格为视觉性的画面。而且，我认为这个画面必须鲜明，必须看到色彩。

这个"看到"，事先就"看到"结果和过程，就能催生达至成功的确信，催生促进人采取行动的坚强意志力，从而把事业引向成功。

单纯化思维

经营者每天都要面对各色各样的问题，其中许多问题进入自己的耳朵时，已经呈现出复杂纠结的状态。

必须分析、剖析这些问题并考虑解决的办法。但这些问题犹如一团乱麻，要从中理出头绪非常困难。

在交叉错综的状态下，找不出问题的最佳答案。要解开这团乱麻，就要弄清为什么会产生这个问题？就要回到事情的原点。从现状向后一步步倒退，追踪到问题的发端之处。这样的话，就能明白，事情是如何演变以至到达今天这种胶着状态的。

在问题复杂化以前的状态，出人意料地简单。就从这简单的状态出发，寻找解决的方法。

不得要领的人企图在问题缠结的状态下求解，结果越搞越乱，问题呈现出复杂怪异的状态，以至无法解决。

把简单的事情复杂化，这样思考问题的人很多。

在诸多现象中抓住事物的本质，这种能力对于企业经营也好，对于技术研发也好，都是非常重要的。

人格才是根本

企业要国际化，要进军海外，已成了当务之急。这时候有一点不可忘记。

就是要确立国际共通的企业理念并坚持执行。如果不具备这样的理念，不管拥有多么出色的技术、多么雄厚的资金，在海外事业中要取得真正意义上的成功，我认为是不可能的。

在企业经营时，常常发生究竟是日式经营好，还是美式经营好的争论。其实这样的争论并没有触及事情的本质。我们需要的是超越国界的、能够为大家所共有的理念。

特别是在当地工作的日本企业的领导人必须具备人格魅力，赢得当地干部乃至一线员工发自内心的尊敬。不仅是技能优秀，而且在人品方面，也必须让当地人佩服，以至脱帽致敬。

在人们能够共有的理念之下，超越语言、人种、历史、文化的差异，自然而然获得对方的尊敬，必须派遣这种德才兼备的领导人，否则，海外事业不可能成功。

撤退决断

经营者下决断，最大的困难之一，就是从事业中撤退的问题。某项事业没有获得足够的收益，到底应该在哪里喊停，这是一个艰难的选择。

凡事稍做尝试就立即抽手的话，那么，什么事情也做不成。但有时涉事过深，又会造成无法挽回的损失。我的基本原则是：要像猎人追踪猎物一样，不成功不罢手。但是，也有不得已在中途撤退的情况。

为什么要作撤退的决断呢？因为已处于"弹尽粮绝"的精神状态。

物质的要素姑且不论，如果激情没有了，新的事业以及开发研究就不可能成功。如果激情耗尽，却仍然看不到成功的希望。这时候，我就会抱着满足的心情，毅然撤退。

首先，前提是全力奋战，但不可能所有事情都如意遂愿。

到了这个时候，就必须下决断毅然撤退。

第十三章

拓展事业

打破自身的常识

在经济变动剧烈的时候，有的企业照旧能够保持 5%
的利润率。

这是因为经营者自己认为利润率 5% 乃是常识中。决
不可以跌到 5% 以下，这种愿望强烈地渗透到了潜意识。
他们会千方百计防止利润率跌破 5%，结果利润率就不会

大幅度下滑。

但是，反过来，他们也不会努力让利润率去超过 5%。这就是人的心理意识之所以可怕的地方。虽然能够控制下滑，但他们却缺乏把利润率提升到 10%、15% 或者更高这种意识，因为他们有一种深刻的固定观念，认为超过 5%是不可能的。

因为是基于常识制定目标，所以只要达到常识水平的利润率，他们就心满意足了，他们并不奢望实现更高的目标。

不可依据先入为主的观念经营企业。如果不能突破框框，不能成为"心灵自由的人"（野人），就不可能产生独创性的思想，不可能创造高收益。经营者应该从自身常识中挣脱出来，不断进行自我变革。

定价决定经营

我常说："定价即经营。"

为了能在市场上保持竞争力，大家认为应该设立比市场价格略低的价格。但是，大幅削价来跑量，还是不低于市场价格，即使减量也要确保单件的利润。就是说，薄利多销还是厚利少销，定价的幅度有无限的选择空间。

换言之，要找出一个价格，使得销售数量与单件平均利润的乘积最大。但是，因为影响销售的因素很多很多，所以很难找到简单的答案。在某种赚头下，要预测究竟能销掉多少，极其困难。因为定价会给经营带来重大影响，所以我认为，定价最终要由经营者亲自决定。

这样，究竟怎么定价，最后取决于经营者持有的哲学。强势的人会决定一个强势的价格，软弱的人会决定一个偏低的价格。

如果因定价不当招致企业业绩低迷，我认为，那就是经营者的器量问题和心灵问题，是经营者持有的匮乏哲学所招致的结果。

价格由市场决定

在产品定价时，我不采取成本主义，即不采取原材料费用加上各种经费，再加上利润来决定价格的方法。

一般而言，价格由竞争原理、市场机制决定。就是说，是客户决定价格。

价格一旦由市场决定以后，我们就必须努力把制造成本压缩到最小。制造成本与价格之差，就是企业的利润，因此，为制造成本最小化所作的努力，就意味着让利润最大化。

为了把制造成本压缩到最小，原材料费占百分之几、人工费占百分之几、各种经费占百分之几，这一类成见和常识必须统统抛弃。

在满足市场需求的价格和质量条件的范围内，考虑成本最低的制造方法，怎样用低成本组织生产，聚焦在这一点上，想方设法把各种费用降到最低。

在满足客户需求的同时，努力获得最大的利润，这就是企业经营。

每天都做损益表

企业经营要获得成功，经营者就既不能高高在上、看着大局给部下指点迷津，也不能依靠所谓的名人绝技。企业经营是每天每日实实在在的具体活动。

无论是大企业还是中小企业，经营企业就是每一天数字的积累。不去分析每天的收入和支出，就无法把事业经营好。

就是说，经营企业不能只看月度的损益计算表（即利润表）。月度损益计算表是靠每天工作的累积做出来的。所以，每天都要做损益计算表，应该抱着这种切实的感觉去经营企业。

经营企业却不注意每天的数字，就好像整天不看仪表盘开飞机一样，连飞机要飞往何处，要在哪里着陆，都搞不清。

同样，眼光离开了每一天经营数字，就不可能达成企业的目标，那就不能叫企业经营。

我认为，损益计算表是经营者每一天的生活态度积累的结果。

脱离私心看利润

　　对企业经营者来说，交税犹如在身上割肉一样。拼命工作好不容易取得的利润，相当部分还不是现金，还处于应收款或非现金的状态等。但利润的一半以上却要以现款即刻支付。税金真是苛刻无情。

　　这种心情只有经营者才能体会。因为是公司的钱，对于员工而言，或许无关痛痒。但经营者却感觉自己的钱被别人抢走了似的，为了逃避税金，有的经营者就会玩弄种种花招。

　　这当然是不对的。公司的利润不属于经营者个人。同时，税金用在社会的各个方面。所以"被抢走"不过是夹杂私心的错误感慨。

　　为了不陷入这样的错觉，我把经营看作一种游戏，不把利润看作金钱，而看作得分，这样就可以站在第三者的立场上看淡利润，从而避免做出错误的判断。

摆脱私心，这就是经营的秘诀。

给企业增加肌肉

"我们公司实际上很赚钱，但账面利润只维持在一般水平"，经常可以听到经营者这么讲。就是说，因为讨厌支付高额税金，所以大肆挥霍交际费等不必要的经费，故意削减利润。

确实，一旦产生利润，一半都要交税。但剩余的一半可以留在公司。我认为，企业经营的本质就在于珍视税后利润这一块。

要给企业增加肌肉，要强化企业体质，除了积累税后利润之外别无他法。这样做可以积蓄丰厚的内部留存，提高自有资本比率。因此，不管要上交多高的税款，我们仍然必须努力确保高利润。

日本企业的自有资本的比率低，据说原因在于日本的税收制度。但我认为，问题在于经营者的哲学。

我把税金看作一项经费，扣除税金以后剩余的利润在公司内部一点一点地积累，结果就实现了丰厚的内部留存。企业因此具备了稳定性和灵活性，更重要的是确保了员工的就业，而且正因为强化了企业体质，在必要时就可以向新事业发起挑战。

审视组织

"为了经营企业，必须有这样那样的组织。"我没有这类先入为主的想法。

一般的经营者，因为学习过有关组织的理论以及人事管理的知识，所以往往认为"这样那样的组织是必要的"；

或者他们以过去积累的经验为基础设置组织。这样就会产生无效率的组织。

就我而言，为了维系公司，为了高效率地运行公司，现在这个时点上必要的组织，才是所谓"正确的组织"。基于这种思考，只有在需要的时候才建立相应的组织，并且只配置最少的人员来发挥该组织的功能。

不是有了组织才能经营企业，而是为了更好的经营企业才来建立必要的组织。

在创建公司的时候，我既没有经营的经验，也没有经营的知识、常识。为此，我不得不对既成概念进行重新审视，从这里出发开始我的旅程。

事物的原理究竟是什么？事物的本质究竟是什么？以此为基准推进事业的发展，这种态度是必要的。

设定可视化目标

在制定年度销售目标的时候，我认为，因为怕达不成而畏缩不前，所以制定一个低目标，不如揭示一个基于强烈愿望的高目标，哪怕这个目标实现不了。

为此，即使目标最后没能达成，我也不会只看结果论好坏。但是，要是目标持续完不成，员工就会失去实现目标的能力，或者丧失实现目标的自信，所以还是要努力去达成目标。

为了达成目标，目标必须为全员所共有。如果只有经营者一个人关心目标，那么这个目标就不可能达成。

要把目标细分至组织的最小单位，这样每一个小单位都会努力去实现各自的目标。各个部门都能达成目标，整个公司的目标自然就能达成。

同时必须制定每个月的目标。如果只把累积的年度数字作为目标的话，就很难有效地激发员工的积极性。

必须制定在空间上、时间上让全体员工都能一目了然的目标。

全身心投入经营

真正的经营者是指：将自己的全智全能、全身全灵都投入到企业经营中去的人。

不管多么高超的经营手法、经营理论、经营哲学，如果只是用头脑理解，并不能成为一个真正的经营者。

抱着强烈的责任感，不惜自我牺牲，做好每一天的工作。这种状态能否长期持续，决定了经营者真正的价值。全身心投入经营，这是极为苛刻的事情。这么做的话，自己没有了自由活动的时间。而且，这么重大的责任，在肉体上精神上都不容易承受。

但是，不经历并克服这样的艰难困苦，就无法磨炼出经营者所必需的真正资质。

人们常说，第一把手与第二把手之差犹如天壤之别。这个差就在于：一个是抱着强烈的责任感、拼着性命投入工作。一个是以工薪族自居，把重要的判断全都推给第一把手。

端正经营态度

我对员工的要求非常严格。员工们之所以接受我的要求，是因为我不采用世袭制。如果是一个世袭制的企业，员工们就会认为，严格要求是出于经营者一个家族的私利私欲。

我之所以不采用世袭制，是因为我的第二代未必能够传承哲学。在企业内确立统一的意志、统一的价值观，要靠哲学。我认为，不能传承企业哲学，就无法保证企业的持续繁荣。

我会把公司的未来托付给这样的员工：他具备高尚的人格，充满激情，又有优秀的才能，能够继承公司的经营哲学。

我不采用世袭制，意味着员工们会把公司当成他们自己的公司。也可以这么说：经营者的言行、策略乃至公司的方针和哲学中没有掺杂任何的私心。就凭这一点，我才能对员工提出严格的要求，员工们也乐于接受。

员工的工作态度与经营者的姿态是一致的。

塑造自我

成功的中小企业经营者中，有很多好胜心强、富有斗志的人物。他们具有商业眼光，善于捕捉商机，头脑灵活，才能非凡，甚至雁过也能拔毛。

搞事业，只要具备这种才能，具备商业才干，大体都能成功。但仅凭这一条，事业仍有走向失败的可能性。

因为过分迷信自己的聪明才智，就容易自以为是，接二连三地不断出手。即使短期内似乎顺手，但经营仍会处于非常危险的境地。所谓"聪明反被聪明误"，丢魂落魄，丧失自我，一味恃才傲物，必然失败。

与此相反，有一种人，他们把才能当仆人使用，他们具备高尚的人格和道德，他们能够控制才能发挥的方向。归根到底，必须让具备人格和道德的"自我"来充当主人翁。

　　与生俱来的完美人格几乎没有。开始阶段，可以依靠强烈的斗志，依靠聪明才智。但如果要把企业经营作为终生的事业，那么下一阶段，就必须提升道德，塑造自己高尚的人格。

不断修炼心灵

　　经营者会遭遇很多难题，且必须对这些难题做出判断。可以说，判断的连续就是经营者日常的工作。

　　有些事情判断起来非常困难，"究竟应该向右还是向左？"即使是有名的经营者，在烦恼之余，甚至也会去拜访占卜师。

　　但是，只要当上了经营者，判断就成了家常便饭，就不得不对接踵而来的问题做出判断。而左右这种判断的，乃是我们的心灵，也就是我们所持的人生观。

如果是一个以自我为中心的人，他的判断基准只集中在自己的得失这一点上。另外，如果是一位心地善良的人，或许就会因为碍于情面而脱离商业的原则。

在战争年代，不管是陆军还是海军，在担任要职的将官中，据说有许多人对中国的古代经典情有独钟。要在超越人智的状况下做出判断，究竟该进还是该退，在只有神知的紧急状态下，必须下达命令，他们仰仗中国的古代经典，从中寻找为人之道，修炼心灵。

被称为名将的这些人，他们一定知道，自己的心灵才是判断的基准。

兼备两个极端

经营者必须具备两极平衡的人格。

企业经营必须不断做出决断。有时候，从干部到员工

乃至银行等方面全都反对，但依然坚持自己的信念，力排
众议，以"敌军围困万千重，我自岿然不动"的气概，果
断决策并付诸实行。

　　但有时候，哪怕是一名普通员工的不同意见，也要侧
耳倾听，从善如流，必要时鼓足勇气，取消自己的计划。
就是说，慎重和大胆必须兼备。这既不是单纯的慎重，也
不是单纯的大胆，也不意味着"中庸"。因为经营者要做
判断，所以对经营者的要求，不单是圆满的人格。

　　美国作家弗郎西斯·斯科特·基·菲茨杰拉德说："所
谓一流的才智，就是心中同时拥有两种互相对立的思想，
并且随时都能让两者正常地发挥它们的功能。"

　　比如对于员工的态度，有时候必须严厉，甚至如"挥
泪斩马谡"般冷酷无情。有时候又必须如菩萨般充满人情
味儿。

　　兼备性质相反的两个极端，根据场合不同，运用自如。
这就是所谓均衡的人格。

贯彻正道

领导者必须做出决断。这时候如果缺乏自我牺牲的精神，他做出的决断就是利己的、独断专行的。

比如，有这样的经营者。针对贸易摩擦所产生的贸易自由化的问题，他们认识到，如果不减少日本的贸易黑字，不调整贸易收支的不平衡状态，日本就将招致国际孤立，而且他们也同意促进进口的自由化。然而，一旦涉及自己所在的行业，他们的调门立即下降，甚至态度剧变，又会反对起贸易自由化。

抽象赞成，具体反对，或者说"真心话和场面话"分离，这是日本特有的现象。

领导人如果缺乏付出自我牺牲的勇气，那么，他们就不能做出虽然正确、但对自己团队不利以至对自己个人不利的决断。这样，就会给团队、给社会带来不幸。

正确的事情必须正确地贯彻到底。为此，必须具备勇气，哪怕自己蒙受损失也在所不辞。

能否做出自我牺牲，是衡量经营者素质的一把尺子。

大爱志向

"你每天工作到这么晚，连节假日也不休息。没时间照顾家庭，你夫人和孩子不是很可怜吗？"许多人对我这么说。

但是，我却不认为自己牺牲了家庭。因为我不是仅以小爱来守护家庭，或只维护我个人，而是以大爱让众多员工幸福。我把这看作自己的使命。

但是，我不把这样的大爱作为义务强加于人。因为这样的大爱必须靠各人的自觉。

如果把这种爱强加到缺乏这种意识的人的头上，就会陷人于两难："对公司尽忠，就不能为家族尽孝。"

另外，如果抱着矛盾的心态，放弃家庭来投入工作，就很难做出成果。

尽管如此，我还是期待出现具备大爱志向的人。因为我相信，只有以大爱为志向的经营者，才能给团队带来幸福。

付出艰辛所得到的报偿

如果经营自身出了差错，出了问题，而招致经营状况恶化，那当然是经营者的责任。但是，即使经营非常顺利，但由于不期而遇的国际经济变动，比如日元升值，企业还是会受到严重影响。

就是说，即使构建了完善的企业内部体制，由于外部因素仍然会使企业陷于亏损。在这种情况下，仍然要追究经营者的责任。

责任重大，一刻也不容懈怠，一天又一天，持续付出不同寻常的努力，这才能得到一个评价——那是你本来就应该做的。

细细想一想，平心而论，当经营者或许真是一项最为得不偿失的工作。

高度的精神紧张、苛刻的生活方式。经营者能够获得与他们的责任相对应的报偿吗？我认为可以获得。

正因为经营者忘我献身的努力，才让众多的员工对现在和将来的生活充满希望，他们才会由衷信任经营者，尊敬经营者。

我认为，用金钱无法衡量的员工的幸福快乐，以及他们的感谢之情，就是经营者付出艰辛而收获的报偿，这是任何东西都无法替代的。

后记

　　创立于 1959 年、从 28 名员工起步的京瓷公司，现在已经成长为举世瞩目的优秀企业。它的建立和成长的过程，可以说是一部精彩的戏剧。

　　但是，如果一味地把眼光放在它惊人的成长发展过程中，而不去挖掘这个现象背后隐藏的根本原因，我们就会犯下一个很大的错误。

创业者稻盛和夫（现任京瓷名誉会长）所领导的京瓷公司，给我国当今的企业文化吹进了一股新风。同时，在第二次世界大战后的奇迹般的经济复兴和高速增长中，我们逐渐淡忘了最为重要的东西，就是稻盛会长指明的、作为人、作为日本人应该具备的心性。从这个意义上讲，作为京瓷经营之本的经营理念，不单单是一个企业的经营理念，它还与我们每个人的人生观紧密相关，可以说，它是既古老又新颖的哲学。

1989 年，京瓷公司计划将这种哲学归纳整理成公司内部书刊，用于员工教育。应企业内部和外部的邀请，稻盛曾做过许多讲话和讲演，参考当时的速记稿，稻盛会长又亲手修改而成的这份原稿，阐述了作者从人生和工作的痛苦烦恼中所领悟的宝贵思想，记录了作者与年轻经营者促膝谈心时的谆谆教诲。PHP 有幸受邀参与这一内部书刊的策划。在阅读原稿的过程中，我们觉得这种哲学不仅应该在京瓷公司内部，而且应该扩展到一般读者。我们认为，普及这种哲学具有极为深远的意义。

　　除了经营京瓷公司之外，稻盛先生还在创办第二电电
（现KDDI）的同时，参与诸多的社会活动。因为超级忙
碌，而且稻盛先生认为通过企业活动对社会做出贡献才是
经营者的本分。所以一直没有答应出版这本书。但是，出
于对年轻人的关爱之心，希望自己的哲学能够引起社会的
某种共鸣，稻盛先生最终答应了我们的恳求。而且在百忙
中挤出时间，反复推敲，反复补充修改。这股认真努力的
劲头，不由得让我们心中升起敬佩之情。在此再次表达由
衷的感谢。

　　简洁的语言中包含着稻盛先生的满腔热情。祈望年轻
人以及工作在第一线的专家、各级领导人都来读一读这本
书，并从中得到启示。

PHP 研究所（原版图书出版社）

图书在版编目（CIP）数据

心法之肆：提高心性 拓展经营/(日)稻盛和夫 著；曹岫云 译.—北京：东方出版社，2016.3

ISBN 978-7-5060-8975-3

Ⅰ.①心… Ⅱ.①稻… ②曹… Ⅲ.①企业管理—经验—日本—现代 Ⅳ.①F279.313.3

中国版本图书馆CIP数据核字（2016）第054005号

KOKORO WO TAKAMERU, KEIEI WO NOBASU
Copyright© 1989 Kazuo INAMORI
First published in Japan in 1989 by PHP Institute, Inc.
Simplified Chinese translation rights arranged with PHP Institute, Inc.
through Beijing Hanhe Culture Communication Co., Ltd.

本书中文简体字版权由北京汉和文化传播有限公司代理
中文简体字版专有权属东方出版社
著作权合同登记号图字：01-2015-3437号

心法之肆：提高心性 拓展经营
（XINFA ZHI SI：TIGAO XINXING TUOZHAN JINGYING）

作　　者：[日]稻盛和夫
译　　者：曹岫云
责任编辑：贺　方
出　　版：东方出版社
发　　行：人民东方出版传媒有限公司
地　　址：北京市西城区北三环中路6号
邮政编码：100120
印　　刷：北京文昌阁彩色印刷有限责任公司
版　　次：2016年8月第1版
印　　次：2021年1月第5次印刷
印　　数：34 001—38 000册
开　　本：880毫米×1230毫米 1/32
印　　张：5.875
字　　数：75千字
书　　号：ISBN 978-7-5060-8975-3
定　　价：39.00元
发行电话：（010）85924663　85924644　85924641